LA
VIE

Éditeur :

Frères & Cie.
4267 Boulevard St-Laurent, Bureau 100
Montréal, Québec
H2W1Z4

© Tous droits réservés Jérémy Demay, 2019

© Frères & Cie, 2019

Dépôts légaux : 3ᵉ trimestre 2019
Dépôt légal - Bibliothèque et Archives nationales du Québec
Dépôt légal - Bibliothèque et Archives Canada

ISBN 978-2-9817756-3-4

Conception de la couverture :
Bogdan Truta/ Moon Consultants

Photo de la couverture :
Pierre Manning / Shoot studio

Révision / correction :
Interscript

Photocomposition et mise en page :
Bite Size Entertainment
Typographie : Minion 13,5 sur 16

Jérémy Demay

LA VIE

FRÈRES & CIE.

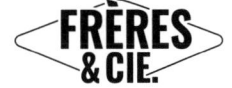

À la mémoire de nos papas Pierre et Gérard.

SOMMAIRE

Introduction 11
Chapitre 1 : De l'inconscient au conscient 15
Chapitre 2 : Vivre est la solution à la vie................19
Chapitre 3 : À quoi sert la vie ?............................27
Chapitre 4 : Le beau et le laid..............................33
Chapitre 5 : Beaucoup d'efforts
               pour peu d'amour....................41
Chapitre 6 : Qu'est-ce que l'amour ?......................49
Chapitre 7 : Karma 59
Chapitre 8 : Pourquoi j'ai voulu ça ?......................63
Chapitre 9 : Les scènes de la vie : la clé 69
Chapitre 10 : Le problème est aussi la solution......75
Chapitre 11 : Quand le pire
                rencontre le meilleur........................83
Chapitre 12 : Courir après ou laisser venir ?..........87
Chapitre 13 : Donnons l'exemple..........................97
Chapitre 14 : Être tout ou rien 101
Chapitre 15 : L'endroit où ça pousse pour nous.. 105
Chapitre 16 : Tout le reste est gratuit................... 115
Chapitre 17 : J'en suis la preuve 119

Chapitre 18 : La peur 123

Chapitre 19 : L'extérieur reflète mon intérieur 129

Chapitre 20 : Pourquoi on revit
la même chose ? 137

Chapitre 21 : Je suis une raison suffisante
de vivre pour moi-même 145

Chapitre 22 : Le courage d'être vulnérable 151

Chapitre 23 : L'égoïsme est la clé
de l'altruisme 165

Chapitre 24 : Quand mes défauts
deviennent des atouts 169

Chapitre 25 : Reflet d'humanité 173

Chapitre 26 : Pourquoi nos parents
nous énervent ? 179

Chapitre 27 : Soyons-nous 183

Chapitre 28 : Leçon de ma grand-mère
malgré elle 189

Chapitre 29 : Conclusion 195

Introduction

Vous êtes sur le point d'entamer mon troisième livre et juste le fait d'écrire ces mots me fascine.

Voyez-vous, si quelqu'un m'avait dit il y a quelques années que j'allais en écrire un, je ne l'aurais pas cru, mais trois, je l'aurais pris pour un fou.

Celui-là est très spécial, car il est né d'une amitié forte.

En 2016, ma meilleure amie Stéphanie me propose de participer à un séminaire de développement personnel donné par un dénommé Franck Lopvet. Elle me dit que c'est un Français qui vient au Québec spécialement pour donner un atelier de deux jours.

Je n'avais aucune idée de ce qui m'attendait ni de ce qu'on allait faire, mais comme je suis très ouvert à ce genre de chose et que je fais confiance à mon amie, je décide de m'inscrire sans réfléchir.

À ce moment-là, je ne pouvais même pas imaginer ce que j'allais vivre, ni tout ce que cet homme allait apporter de beau dans ma vie.

Je pense que nous avons tous un don, un talent que nous pouvons exercer dans ce monde. Le sien est fascinant. En fait, il est clairvoyant. C'est-à-dire qu'il a le don de « voir » en chacun de nous.

Je ne vous apprends rien en vous disant que nous sommes tous un mélange de notre conscient et de notre inconscient. Ainsi, il y a des choses que nous savons de nous et d'autres que nous ne savons pas.

Ces choses inconscientes se traduisent par des habitudes, des réactions impulsives ou des façons de compenser qui peuvent nous nuire. **Et comme ces dernières sont inconscientes, on peut même se sentir parfois impuissant face à elles.**

Durant ses stages, Franck passe d'une personne à l'autre pour nous parler de notre fonctionnement inconscient, de la façon dont on agit et pourquoi, il rend ainsi l'inconscient conscient afin qu'il arrête d'agir à notre insu.

Le stage durait deux jours. Après avoir passé la première matinée à le voir exercer son talent, j'ai eu un coup de foudre amical. J'ai ressenti un lien profond qui nous unissait. Je ne peux pas l'expliquer mieux que ça. J'ai juste compris que notre relation ne pouvait pas se limiter simplement à ce stage.

INTRODUCTION

Ainsi, à la fin de la première journée, je suis allé le voir pour lui exprimer ce que je ressentais avec l'espoir qu'il accepterait d'aller boire un verre ou manger. Comme il voit en moi, peu de mots suffisent; de là la magie qui émane de cet homme.

Je me suis approché de lui un peu timide et je lui ai dit :

« Écoute, Franck, c'est un peu bizarre ce que je vais te dire, mais… »

Il m'a coupé la parole en me disant : « Ouais, moi aussi, ça m'a fait ça avec toi. On va manger un truc ensemble ? »

Aussi simple que ça.

On a passé la soirée ensemble, on a ri, on a bu. Ensuite, il est reparti, on a gardé contact et voilà comment cette belle amitié a démarré.

Quelques mois plus tard, un désir est monté en moi. Je me suis dit : « On a un livre à écrire ensemble. » Je l'ai appelé. Je lui ai dit que mon idée était d'écrire **un livre sur un format d'échange et de questions-réponses entre deux amis qui se parlent de leur façon de voir la vie.** Il a immédiatement accepté.

J'ai lu beaucoup de livres sur le développement personnel et j'ai participé à beaucoup de séminaires. Souvent, je ressentais une redondance dans ce que je lisais ou entendais, comme si tout le monde disait un peu la même chose.

En écoutant Franck durant ces trois dernières années (et durant notre échange pour ce livre), **j'ai découvert une sagesse à la fois profonde et simple que je n'avais jamais entendue auparavant.**

C'est cela que je vous propose aujourd'hui. **Un discours nouveau et un regard profondément simple sur notre vie,** qui a le pouvoir de nous éclairer **sur l'humain que nous sommes.**

J'espère que cet échange sera aussi bénéfique pour vous qu'il l'a été pour moi.

Bonne lecture.

P. S. : Comme on a voulu garder cette discussion entre Franck et moi aussi authentique que possible, il se peut que vous lisiez certains mots qui appartiennent juste à notre vocabulaire d'amis.

Chapitre 1

De l'inconscient au conscient

*« Le chemin de la vie, c'est de passer de l'ignorance
à la connaissance, de l'obscurité à la lumière,
de l'inaccompli à l'accompli, de l'inconscience à la conscience,
et de la peur à l'amour. »*

Frédéric Lenoir

Jérémy : Ok, Franck, j'aimerais que tu me dises, un peu, de façon claire, ce que tu fais comme métier.

Franck : Je fais un métier qui est très proche de ce que je suis, justement. C'est un peu comme si mon travail, **c'est d'être moi**. En fait, c'est ma façon d'entrer en relation avec les gens qui est devenue mon métier. Et ma façon d'entrer en relation avec les gens, **c'est d'avoir la capacité de me mettre à leur place assez facilement**.

Comme si je pouvais me glisser un peu derrière les yeux de chacun pour me dire « si j'étais cette personne, comment je regarderais la vie ? ». Et si je regardais la vie comme ça, ce serait à cause de quoi ? Qu'est-ce que j'aurais pu comprendre ou intégrer dans mes fonctionnements conscients et inconscients pour regarder la vie de cette façon ?

Une fois que j'ai cette base d'informations, je peux ressortir du système de l'autre et parler et échanger avec lui sur ce que je viens de comprendre.

Jérémy : Finalement, une façon simple que j'ai de décrire ce que tu fais, c'est que tu arrives à rendre l'inconscient conscient chez les gens.

Franck : Oui. C'est ça. Parce que, finalement, quand je rentre dans les yeux d'une personne et que je me dis « si j'étais cette personne, comment est-ce que je serais en train de regarder les choses ? », j'ai effectivement une masse d'informations qui arrive. Et comme je ne la juge pas en « j'aime » ou « je n'aime pas », j'ai plus d'informations que la personne elle-même.

Jérémy : Oui j'imagine, car **on est « formaté » à ne voir de nous que ce qui est bon.**

Juste une belle personne

Franck : On a une espèce de tentative d'être la bonne personne qui fait que si on a des fonctionnements qui ramènent à des défauts, comme un fonctionnement égocentrique, un fonctionnement de désir de pouvoir ou un fonctionnement de victime, on ne veut pas les connaître.

En général, ce qu'on veut connaître de nous, ce n'est que la bonne version, et c'est ce qui va nous permettre, dans le rôle social, de dire : « Moi, je fais bien les choses et je suis une bonne personne. »

Jérémy : Alors que toi, tu perçois l'ensemble de la personne, c'est-à-dire le beau et le moins beau.

Franck : Exact. Et lorsque je rentre dans le regard d'une autre personne, la masse d'informations que j'ai, je ne vais pas la qualifier en « je suis une bonne ou une mauvaise personne », puisque moi, finalement, je n'ai pas d'avis là-dessus. Ça n'est pas moi qui suis en cause, mais l'autre. Ça me permet de regarder ce que l'autre qualifierait de « beau » ou de « pas beau ». Ce qui fait que ce n'est pas tant que je rende l'inconscient conscient, **c'est plutôt que je rends l'intérieur conscient**. Ce que tu ne veux pas voir de toi, moi je veux bien le voir pour toi parce que moi je ne te qualifie pas en « c'est bien » ou « c'est mal ».

En bref, nous sommes formatés à juste voir le beau en nous.

Chapitre 2

Vivre est la solution à la vie

> *« Il n'y a que deux façons de vivre sa vie;*
> *penser que rien n'est un miracle*
> *ou penser que tout est un miracle. »*
>
> **Albert Einstein**

Jérémy : Comme tu le sais, j'ai fait ce qu'on appelle une dépression en 2009, et je suis tombé, comme beaucoup de gens, dans une sorte de démarche de développement personnel. C'est en général le moment de notre vie où on se met à chercher beaucoup d'outils pour guérir et devenir un meilleur humain.

Puis, je te rencontre et je t'entends dire que **le plus puissant des outils, c'est de simplement vivre.** Tu dis souvent que **« vivre est la solution à la vie »**. Qu'est-ce que ça signifie ?

Franck : **Ça veut dire que les événements que j'appelle « des scènes » qui apparaissent dans nos vies ont un sens et sont un cadeau pour nous.**

Pas dans une acceptation « psycho-pop » des choses, du genre « la vie te veut du bien » ou « il faut savoir tirer le positif de chaque chose », ce n'est pas du tout mon langage.

C'est de comprendre, par exemple, qu'il était temps que Jeremy se mette à connaître Jeremy et qu'il sache quelle personne il incarne. Et pour que Jeremy puisse entrer en relation avec lui, il fait une dépression.

Et c'est là que la vie crée la pièce de théâtre parfaite, sur mesure, pour que tu te mettes à vivre ce dont tu as besoin et à solutionner ce qui est à solutionner dans ton système.

Jérémy : En conséquence, on ne regarde plus les choses comme : « Il y a ce qui arrive de bien et ce qui arrive de mal dans notre vie », mais, au bout d'un moment, **on comprend qu'il n'y a que ce qui arrive**.

Franck : Exact. Et ce qui arrive nous amène toujours à l'étape d'après, qui est une plus grande connaissance de soi, donc **une plus grande capacité d'aimer la personne avec qui nous faisons le voyage de la vie.**

Jérémy : Ça veut dire que tout ce qu'on vit, on veut le vivre, de façon consciente ou inconsciente?

Franck : C'est ça. Et ça revient à dire que tout ce qu'on vit, même s'il s'agit de quelque chose de douloureux, est en train d'apporter la solution à notre propre problème. **En d'autres mots, chaque problème est également une solution.**

Jérémy : Un bon exemple qui me vient pour illustrer cela est celui de mon frère. Il est très axé sur le succès et la réussite, ce qui fait qu'il est toujours en train de courir partout sans jamais s'arrêter. L'été dernier, il s'est cassé la jambe et il n'a pas pu bouger pendant deux mois.

Quand on regarde cela maintenant, on peut dire que se casser la jambe lui a permis de souffler et d'apprendre à prendre le temps ?

Franck : C'est ça. La vie lui a apporté la solution à son problème, qui est peut-être d'être constamment dans l'urgence ou toujours en train de courir après son succès.

Accepter ce qui nous arrive

Jérémy : Et c'est pour cela que tu dis que j'ai vécu une dépression pour entrer en relation avec moi-même ?

Franck : Oui. La vie, une fois de plus, apporte une solution permettant d'aller à une étape suivante.

L'idée, c'est que **lorsqu'on résiste à ce qui est en train de se produire, on le prolonge.** Si, par exemple, nous sommes dépressifs et que l'on ne veut pas l'accepter, cet état dépressif va durer, peut-être longtemps. Alors que si on le prend comme étant une solution douloureuse et désagréable, mais une solution à nos demandes inconscientes, **nous allons le traverser et très vite en ressentir le bénéfice.**

Jérémy : Quand tu dis « accepter » une dépression, qu'est-ce que tu veux dire ?

Franck : Je veux dire que, la plupart du temps, les gens qui font des dépressions ne le savent même pas.

Jérémy : As-tu des conseils ?

Franck : **La première étape, c'est de nommer son ressenti** afin de pouvoir exprimer ce à quoi on fait face.

Jérémy : D'accord. Donc quelqu'un qui est déprimé se doit de nommer qu'il se sent dépressif ?

Franck : Oui. Et accepter de l'être, c'est-à-dire se laisser déprimer. **Se laisse aller au fond de sa dépression pour ainsi la traverser.**

Jérémy : Oui, car si nous résistons, ça s'éternise.

Et, tu sais, il y a beaucoup de gens qui prennent des médicaments comme des antidépresseurs pour s'aider… Qu'est-ce que tu penses de ça, toi ?

Franck : Je pense que la douleur est tellement forte, à certains moments, qu'il est bon de se faire aider.

Jérémy : Beaucoup de gens qui en prennent tombent dans une espèce de cercle vicieux chimique et ne peuvent plus s'en passer.

Franck : Oui. Mais si je dis ça, en fait, c'est parce que, justement, la vision psycho-pop des choses amènerait à dire : « c'est mieux de ne pas utiliser le chimique ; fais face ».

Je crois qu'il ne faut dédaigner ni la douleur des humains ni le travail de nos médecins. Il n'y a pas les gentils *spirites* qui travaillent les choses au niveau de la conscience et les méchants matérialistes, qui eux, nous guérissent avec des médicaments chimiques.

Après, il y a cette limite entre utiliser les choses pour pouvoir survivre et utiliser les choses pour carrément noyer le poisson et ne plus faire face du tout.

Jérémy : C'est de trouver une sorte d'équilibre là-dedans finalement ?

Franck : Oui, c'est ça. Je dirais que c'est de trouver le respect de soi là-dedans.

Jérémy : Finalement, accepter la dépression et rentrer complètement dedans reste le choix le plus judicieux. Est-ce pareil avec la douleur physique ?

Franck : Exactement. On le voit avec l'accouchement. Lorsque les contractions commencent, si tu résistes à ces contractions, elles te dévorent. Si tu t'ouvres et que tu dis « Ok, vas-y, fais-moi mal, coupe-moi en deux s'il le faut », d'un seul coup, tu as comme un relâchement.

Jérémy : As-tu déjà vécu une douleur physique intense ?

Franck : Oui. Il a quelques années, j'ai fait un AVC, je me suis retrouvé sur un lit d'hôpital, à vivre vraiment une grande douleur. Quand je la laissais me dévorer et que j'entrais dedans, c'est comme si j'avais quelques secondes de liberté. Et quand je me mettais en opposition et que je résistais, elle me submergeait avec beaucoup plus de puissance.

Jérémy : D'où la phrase du fameux livre *Conversations avec dieu* : « **Ce que tu regardes disparaît, ce à quoi tu résistes persiste.** »

En Bref,
j'accepte la vie
qui m'apporte
la solution.

CHAPITRE 3

À quoi sert la vie ?

> « *Donnez un but précis à la vie et elle perd instantanément son attrait.* »
> **EMIL CIORAN**

Jérémy : Franck, beaucoup de gens se demandent : « À quoi sert la vie ? Est-ce que la vie a un but ? Pourquoi naît-on ? »

Franck : Ce sont des questions éminemment ésotériques qui nécessiteraient un livre en elles-mêmes. Donc, à la limite, je peux répondre à ça, mais en soulevant simplement un aspect.

Jérémy : Ok.

Franck : Je pense **que notre but, dans la vie, c'est d'être en vie et que donc le but est atteint de naissance**. Et que tout ce qu'on va ensuite poser comme des buts, c'est-à-dire ce que chacun entend par « réussir sa vie », est un point imaginaire que chacun fait exister.

Par exemple, pour certains, le point imaginaire à atteindre est la sécurité financière. Pour eux, c'est ça « réussir sa vie ». Pour d'autres, c'est fonder une famille ou atteindre la pleine conscience. Et chacun, si tu veux, invente un but qu'il appelle « réussir sa vie ».

Jérémy : Dernièrement, j'ai regardé une entrevue de Jacques Brel où il disait une belle phrase à ce sujet : « Réussir, c'est réaliser ses rêves. »

Franck : C'est bien dit ! **Je considère que tous les buts sont valables pour celui qui les choisit, mais ne sont pas valables en tant que tels.**

Si tu décides que « réussir ta vie », c'est réussir financièrement, est-ce qu'on pourrait dire que quelqu'un qui meurt pauvre a raté sa vie ? Non.

Est-ce qu'une personne qui n'a pas atteint la pleine conscience parce qu'elle nage dans sa pure inconscience a raté sa vie ? Non plus. On ne peut pas dire ça.

Est-ce qu'une personne qui n'a jamais fondé de famille et qui meurt orpheline de père et de mère, a raté sa vie ? Je pense qu'on ne peut pas dire ça non plus. Ce sont des perspectives, des inventions.

Donc je pense que le but de la vie est atteint de naissance. **Finalement, le but de la vie, c'était vivre.**

Jérémy : Et ensuite, on s'amuse à se fixer chacun nos buts personnels pour jouer finalement ?

Franck : C'est ça. Et ça ramène ainsi la vie à quelque chose de totalement gratuit. Mais je le redis, le but de la vie en générale est de vivre. **On ne vient pas pour quelque chose, on vient parce qu'on vient.** Il n'y a ni objectif, ni but.

On se sent inconsciemment redevables

Jérémy : Et pourtant, combien d'entre nous sont attachés à leurs objectifs en pensant que ces derniers sont synonymes de réussite ?

Franck : Oui, et **cette croyance à propos des buts et des objectifs de la vie nous donne parfois le sentiment que nous sommes inconsciemment redevables pour notre naissance**. Comme si, en fait, en recevant le cadeau de la vie, nous devions le rembourser. Il y a une espèce de « combien je vous dois, pour ma naissance ? ».

Jérémy : Beaucoup d'entre nous ont d'ailleurs le sentiment d'être redevables envers leurs parents pour leur naissance.

Franck : Tu as raison. Il y a un désir de rendre quelque chose à ses parents. Et j'ai envie de dire à toutes ces personnes : « **Vous ne devez rien pour votre incarnation, vous ne devez rien pour avoir été mis au monde. L'expérience de la vie est gratuite.** »

Jérémy : C'est pour ça qu'on va souvent entendre des gens dire : « Mon père et ma mère m'ont tout donné, je veux leur prouver que je suis une bonne personne, et que je suis à la hauteur du nom que je porte, afin de les remercier de m'avoir donné la vie. »

Franck : C'est juste et on se l'invente. **On n'a pas à « mériter » son incarnation. On n'a pas à devenir forcément une bonne personne ou à atteindre des buts pour rembourser sa naissance.**

C'est comme si on passait le plus clair de notre vie à rembourser l'air qu'on respire, les légumes qu'on mange, l'amour qu'on reçoit. Et un jour, lorsqu'on a assez souffert, on se donne enfin le droit d'être libre et de vivre quelque chose de gratuit sans être redevables. **On appelle ça la retraite.**

Jérémy : Mais quand tu dis ça, est-ce que tu penses qu'on le fait consciemment ?

Franck : Non, on le fait inconsciemment. On a cet espèce de sentiment qu'on est sales de naissance, qu'on doit se laver d'être nés. Et pour cela, **on pense qu'on doit devenir des bonnes personnes, s'améliorer, se purifier, bref se nettoyer d'être de mauvaises personnes qui sont venues au monde.**

Jérémy : Et c'est pour cela qu'on choisit inconsciemment la difficulté dans nos vies ?

Franck : Oui. Je crois, en fait, que c'est lié à ce désir inconscient de rembourser notre naissance. Comme si on devait payer quelque chose.

J'aimerais dire aux gens que la vie comporte suffisamment de pièges et de souffrance, de bonnes et de mauvaises surprises, pour qu'on n'ait pas, en plus, à la payer en quoi que ce soit. **Nous ne sommes pas redevables, nous ne devons rien à personne.**

> En Bref,
> le but de la vie,
> c'est juste
> de vivre.

CHAPITRE 4

Le beau et le laid

> « S'accepter, c'est se prendre comme on est, cesser de prétendre qu'on devrait être autrement. »
> **SERGE DESJARDINS**

> « Une belle chose n'est jamais parfaite. »
> **PROVERBE ÉGYPTIEN**

Jérémy : Dans les dernières années, j'ai passé beaucoup de temps à vouloir devenir plus riche, avoir plus de succès et devenir une meilleure personne. Je me rends compte à quel point cette course est essoufflante et sans fin.

Franck : Je comprends, j'ai vécu ça aussi, et j'ai vraiment envie d'interpeller nos lecteurs là-dessus parce qu'à un moment donné j'ai ressenti une colère, qui a été un véritable moteur pour moi. En fait, **je me suis indigné face au sentiment de devoir constamment m'améliorer.**

Le modèle parental

Franck : J'avais grandi avec l'image d'un père et d'un grand-père immenses, comme des gens tellement magnifiques, tellement droits, engagés, sincères, constants, fiables, que je cherchais en permanence à ressembler à ces personnes-là. **Et plus je cherchais à leur ressembler, moins je pouvais me sentir réellement à la hauteur.**

Jérémy : On cherche donc à imiter nos parents, et c'est pour ça qu'on veut tant devenir une meilleure personne ?

Franck : C'est ça. **Sauf qu'on a grandi avec des gens qui ont menti à propos d'eux.** Nos parents sont souvent des gens qui ont caché leurs échecs, leurs doutes, leurs mensonges, et leur mocheté. Ils nous ont vendu, lorsque nous étions petits, qu'ils ne doutaient pas, qu'ils étaient forts, qu'ils allaient vaincre et qu'ils pouvaient dominer la vie. Et moi, j'y ai cru. Et j'ai cherché à ressembler à ces modèles-là. Mais, en fait, la réalité des choses n'est pas là.

Jérémy : Je crois que beaucoup d'entre nous ont cru à ce modèle parental si parfait.

Franck : Oui, et ce que je veux dire, c'est qu'il y a moyen, à un moment donné, de s'élever contre le besoin maladif de cette société de faire de nous des bonnes personnes. **Nous ne sommes pas des bonnes personnes, nous sommes la personne que nous sommes.** Ce qui fait que nous pouvons arrêter de chercher à nous améliorer.

Jérémy : Tu sais qu'en affirmant ça, tu vas à l'encontre de toute cette vague phyco-pop qui prêche le fait de devenir la meilleure version de soi ?

Franck : Je ne vais pas à leur encontre, j'exprime simplement ma vérité d'aujourd'hui. Et elle est très simple : **ce que je suis maintenant convient.** J'aime être cette personne qui n'est pas finie, qui n'est pas parfaite, qui n'est pas sublime, j'aime être cet humain qui n'est ni une réussite ni un échec.

Jérémy : Ça a été quoi ton processus pour en arriver là ?

Franck : J'ai dû d'abord m'élever contre le besoin de devenir meilleur. C'est tellement fatigant de se surveiller dans le but de constamment s'améliorer. **C'est pour cela qu'à un moment donné, je me suis dit : « Plus personne ne me fera devenir une bonne personne. »**

Jérémy : Et ensuite, j'imagine que ça passe par dire « j'ai autant de bons côtés que de mauvais côtés » ?

Franck : C'est ça. Ayant décidé que ce que je suis convient, je n'ai plus à me méfier de moi, je n'ai pas à me nettoyer, à me purifier, à m'améliorer ou à grandir. **Ce que je suis, c'est un humain et un humain, c'est grand et petit, c'est beau et moche, c'est généreux et radin, c'est capable du pire et du meilleure, et c'est ce que je suis.**

Jérémy : Est-ce que cela a un effet sur ton rapport aux autres ?

Franck : Je te dirai ça comme ça : **quand on sera capable de se permettre d'être simplement la personne que nous sommes, nous serons en même temps en train de permettre aux autres d'être ce qu'ils sont.**

Jérémy : Autrement dit, j'interdis aux gens d'être ce qu'ils sont tant que je m'interdis à moi d'être ce que je suis ?

Franck : C'est ça. **D'ailleurs, la plupart du temps, ce que je cherche à interdire aux autres d'être, c'est ce que je ne veux pas accepter chez moi.**

Si j'interdis aux autres leur violence, c'est parce que je ne veux pas reconnaître la mienne. Si j'interdis aux autres leur désir de pouvoir et de grandeur, c'est parce que je ne reconnais pas mes désirs de pouvoir et de grandeur.

Jérémy : Tu vois, c'est marrant que tu parles de ça. Que ce soit au Québec ou en France, il y a une espèce d'envie ou de jalousie par rapport à ceux qui réussissent en gagnant beaucoup d'argent.

Franck : Je ne pense pas que ce soit juste québécois ou français, je pense que c'est humain.

Jérémy : Qu'est-ce qu'il y a dans cette envie-là ? Est-ce qu'on s'interdit de vouloir être riche et d'avoir du pouvoir parce qu'on se dit que c'est mal, inconsciemment ?

Franck : C'est exactement ça. On a un héritage judéo-chrétien qui nous a enseigné que les derniers seront les premiers. Être pauvre et dénué de possessions, c'est être proche de Dieu. **Donc on a diabolisé nos désirs de succès, de pouvoir et d'argent.**

Jérémy : Et tout ça vient de notre enfance et de l'éducation qu'on a reçue ?

Franck : Tout ça vient de notre enregistrement à propos du bien et du mal. Après, de savoir si ça vient de papa et maman, de la bible, ou de mon professeur de maths de secondaire, ça n'a aucune importance. Le résultat, c'est **qu'on fait semblant d'être des bonnes personnes, quitte à mentir et à tricher à propos de ce que nous sommes.**

Jérémy : Trouves-tu qu'on est arrivé au summum du déni par rapport à ce que nous sommes ?

Franck : J'ai l'impression oui. Comme la dernière fois où j'ai acheté un billet d'avion et que je vois que, moyennant de l'argent, je peux acheter mon CO_2.

Jérémy : Acheter ton CO_2 ?

Franck : Oui. Là, en regardant le billet d'avion, il y avait un truc qui disait : « Si tu veux avoir un voyage neutre en CO_2, tu peux faire un don à une entreprise qui plante des arbres. »

Jérémy : Je ne savais pas.

Franck : **Pour moi, ça revient à dire que nous pouvons carrément acheter la mauvaise personne que nous sommes. Nous pouvons acheter le mal en nous.**

Selon moi, le message de cet achat est : « Donne-nous de l'argent et on te pardonne. » C'est clairement l'héritage de l'église…

Jérémy : Ah ! oui, je comprends ! C'est un peu le discours : « Fais du bien pour payer le mal. »

Franck : C'est ça, ou paie le mal pour avoir le droit de le faire. En d'autres termes, on achète notre péché.

En bref, l'humain que je suis aujourd'hui convient, je ne cherche plus à m'améliorer.

Chapitre 5

Beaucoup d'efforts pour peu d'amour

> « *Tu apprendras à tes dépens que tu rencontreras chaque jour des millions de masques, et très peu de visages.* »
> **Luigi Pirandello**

> « *La récompense pour la conformité est que tout le monde t'aime sauf toi-même.* »
> **Rita Mae Brown**

Jérémy : Alors, toi tu dis juste « accepte tout ce que tu es ». Accepte le gentil, le méchant, le généreux, le radin, le manipulateur… et tu dis qu'on est tout ça, finalement. Nous avons des dizaines de parties à l'intérieur de nous ?

Franck : Oui, nous sommes tous des êtres multifacettes. Mais on souhaite être vu, autant par soi que par les autres, uniquement comme des belles personnes.

Dans cette optique, **on essaie de créer une fausse image, une espèce de double de nous en carton qui réunit que des qualités et ensuite on passe notre temps à le vendre aux autres.**

Jérémy : Le vendre contre quoi ?

Franck : Contre de l'attention qu'on nous porte et donc de l'énergie qu'on nous donne. C'est une façon de se nourrir.

Jérémy : Donc on veut juste montrer la partie qu'on trouve pure et belle, en pensant que les autres vont nous aimer grâce à ça ?

Franck : C'est ça, on construit une façade. Alors que la réalité est que nous sommes des êtres multiples. **Nous sommes capables du pire et du meilleur.**

Jérémy : C'est comme ça qu'on se construit un faux personnage. Faux dans le sens qu'on montre juste la partie de nous qui est censée attirer l'attention et l'amour des autres ?

Franck : Exact. **Ainsi, nous allons traverser l'existence non pas avec qui nous sommes, mais avec un double de nous qui est une représentation.**

Le contrecoup

Jérémy : À la longue, c'est d'ailleurs très fatigant de traverser notre existence avec ce représentant de nous-même, car nous devons tenir ce mensonge. Souvent, je me sens fatigué et stressé, et **je réalise que cette fatigue et ce stress viennent des efforts que je fais à vouloir absolument me faire aimer des autres.**

Franck : Exactement. Comme tu le constates, ce représentant déclenche plusieurs problèmes chez nous.

Le premier problème, c'est qu'il est énergivore. C'est-à-dire que **ça demande une énergie phénoménale que de passer son temps à mentir à propos de soi.**

Jérémy : Et s'assurer que l'autre se laisse bien avoir par notre fausse image demande une énergie tout aussi incroyable.

Franck : Oui, surtout quand on pense qu'on maintient autant d'images qu'il y a de personnes qui nous voient.

T'imagine si j'envoie un faux moi à ma femme, un faux moi à mes amis, un faux moi à mon boss ? Tous ces doubles de moi me prennent beaucoup d'énergie. Et **plus nous mentons à propos de nous pour tenir toutes ces images, plus nous sommes fatigués.**

Jérémy : Exact.

Franck : **La plupart du temps, la fatigue vient de ce déni qu'on a de nous-mêmes et de cette tentative qu'on a de vendre notre « faux nous. »**

Jérémy : Plutôt que de simplement accepter de montrer ce que nous sommes. Est-ce que le déni a d'autres contrecoups ?

Franck : Oui. Le deuxième, qui à mon avis est le pire, c'est qu'on veut récolter des « J'aime » avec ce double de nous qui est aimant, souriant, chaleureux, efficace, etc.

Jérémy : Tu es en train de résumer *Instagram*.

Franck : Effectivement et ça fonctionne. Le problème c'est qu'au départ, **on a construit ce représentant de nous en carton comme un bouclier pour que les gens ne nous rencontrent pas réellement.** Et ceci, parce qu'on veut se sentir à l'abri.

Jérémy : Pourquoi voulons-nous nous protéger ?

Franck : Nous voulons nous protéger du jugement des autres, de leur méchanceté et de leur violence. **Le problème, c'est qu'en nous mettant à l'abri de leur hostilité, nous nous protégeons également de leur amour.** Et donc tous ces « J'aime » que notre carton reçoit s'arrêtent au carton.

Jérémy : En étant à l'abri de la dureté, nous sommes à l'abri de l'amour ?

Franck : Exact. **Tout cet amour qui est reçu par notre carton n'arrive jamais jusqu'à nous qui sommes caché derrière.**

Jérémy : Quelle est la conséquence de toute cette manigance ?

Franck : C'est que le soir, au moment où notre carton est posé par terre à côté de nos habits, nous nous brossons les dents, nous nous regardons dans les yeux et nous ressentons le vide. Nous savons que nous ne sommes pas vraiment aimé parce que les gens aiment notre image.

Nous restons inconnu aux yeux du monde. Et le vide dans notre ventre est toujours aussi vide. Et demain, la première chose que nous allons refaire, quand nous aurons fini de nous laver les dents le matin, c'est de remettre nos habits, de reprendre notre carton et de repartir à la chasse aux « J'aime ».

Jérémy : Ça signifie que peu d'entre nous ont été aimés pour ce qu'ils étaient vraiment… Ça secoue de réaliser ça.

Alors quand pourrons-nous être aimé pour ce que nous sommes ?

Franck : **Nous pourrons être aimé que lorsque l'autre nous connaîtra.** Et l'autre nous connaîtra lorsqu'il saura qu'en fait, nous ne sommes pas juste beau et gentil, nous avons des doutes et nous avons des peurs.

Nous pourrons être aimé lorsqu'il saura que nous ne sommes pas juste compétent ou solide, mais que nous sommes parfois fragile. Quand les gens connaîtront ça de nous, ils pourront nous aimer.

Jérémy : En fait, nous pourrons être aimé lorsqu'ils connaîtront ce que nous sommes dans nos plus et dans nos moins, bref dans notre entièreté.

Franck : D'où la fatigue phénoménale qu'il y a à faire toujours un carton de plus en plus beau, en l'améliorant, en lui donnant de nouvelles qualités, en le décorant, en mentant à propos de lui, sans jamais ressentir cet amour.

Parce que, finalement, l'amour ne peut pas venir de l'extérieur. Cet amour ne construit pas. Chaque « J'aime » que nous recevons de l'autre, c'est comme un sucre rapide, une fois consommé, il nous en faut un nouveau. Et encore un nouveau. Et cette course-là est sans fin.

Jérémy : Et si fatigante et douloureuse.

Franck : À un moment donné, je renonce grâce à la colère à vouloir recevoir ces « J'aime »-là. Et je dis : « Ok.

Je me prends tel que je suis. Et si vous voulez m'aimer, va falloir que vous aimiez ça aussi. »

Jérémy : Le beau et le moins beau.

Franck : Le beau et le moins beau.

> En bref, je dépose mon représentant en carton pour faire place à plus d'honnêteté.

Chapitre 6

Qu'est-ce que l'amour ?

« L'amour est si grand qu'il n'a de vêtement. »
Charles de Leusse

Jérémy : On a tous entendu l'expression, « apprendre à s'aimer », et on ne sait pas vraiment ce que ça signifie.

Franck : Ça ne veut rien dire. Pour une raison toute simple. **C'est qu'on ne sait pas encore aimer.**

Jérémy : J'ai besoin d'explications…

Franck : Si tu veux, pour vraiment aider les gens à entrer dans cette énergie qu'on pourrait nommer « apprendre à s'aimer », j'utiliserais d'autres mots qui, à mon avis, sont plus concrets.

Ce n'est plus « je cherche à m'aimer », mais « je me prends tel que je suis ».

Jérémy : « Je me prends tel que je suis ».

Franck : Et se prendre tel qu'on est, ça, on sait le faire. S'aimer, on ne sait pas encore.

Jérémy : Mais pour moi, le fait de me « prendre tel que je suis » équivaut à « m'aimer ».

Franck : Je crois, en fait, que nous sommes des êtres qui avons, à l'intérieur de nous, plusieurs niveaux. C'est comme si on avait le niveau minéral, le niveau végétal, le niveau animal et le niveau humain en nous.

Et j'ai le sentiment qu'à chaque niveau correspond une sorte de réalité, comme si, pour le niveau minéral, qui est le premier centre d'énergie, on était dans la survie. Et ce monde-là, en fait, c'est le monde des besoins : besoin de manger, de respirer, de dormir…

Jérémy : Ok.

Franck : Puis, on a un deuxième niveau, qui est le niveau végétal. À ce niveau-là, ce ne sont plus des besoins, mais des pulsions : se reproduire et préserver l'espèce.

Jérémy : Oui.

Franck : Puis, on a un autre niveau, qui est le niveau animal. Nous, dans l'humain, on appelle ça le « rôle social ». Qui est le chef ? Qui est dominé ? Qui est dominant ? Qui guide la meute ?

Jérémy : Oui.

Franck : Puis, nous aurons bientôt le niveau de l'être humain. Et là, pour le moment, si tu veux, il n'est pas encore disponible sur nos écrans.

Le niveau de l'humain, c'est quelque chose qu'on peut déjà toucher, dans certains moments qu'on appelle les « états de grâce ».

Peut-être que nos lecteurs ont déjà vécu des états de grâce, c'est-à-dire un moment où, on ne sait pas pourquoi, devant un coucher de soleil, un nouveau-né, ou dans une méditation, notre cœur devient chaud et nos larmes se mettent à couler, car on a le sentiment d'appartenir au tout.

Jérémy : Je connais ce sentiment, et je sais qu'il ne reste jamais très longtemps...

Franck : Effectivement. **C'est un endroit qu'on peut toucher, mais dans lequel on ne sait pas rester.**

Jérémy : Que dire de l'amour qui existe dans nos couples ?

Franck : Aujourd'hui, on se met en couple encore pour des questions d'odeurs et de phéromones, comme des animaux. **Mais au fond, nous aimerions que nos histoires d'amour ressemblent à ce qu'on ressent dans l'état de grâce.**

Seulement, en tant qu'humain, on est entre les deux. On n'est plus dans l'animal, mais on n'est pas encore dans l'humain, alors on ne sait pas encore ce qu'est « aimer ».

La preuve, si je te disais, « vas-y, aime-moi », tu ne saurais pas quoi faire. Tu pourrais faire un effort de pensée, mais tu ne saurais pas quoi faire.

Jérémy : Donc, on ne sait pas s'aimer…

Franck : **On ne sait pas aimer. Alors on a remplacé l'amour par des symboles.** Je t'offre une bague, je t'offre une promesse, je t'offre de la douceur et ces paramètres-là sont des symboles de l'amour, mais ils ne sont pas l'amour.

Jérémy : Mais alors, qu'est ce qui se passe quand on dit « je t'aime » ?

Franck : On ment. Et comme l'autre ne sait pas ce qu'on est en train de lui dire à ce moment-là, alors on va remplacer ce mensonge par une action afin de prouver notre amour : je suis attentif, je suis doux, je pense à toi, je te fais l'amour, je t'offre des fleurs, mais ce sont autant de preuves qui sont là pour compenser justement le fait qu'on ne sache pas ce qu'est « aimer ».

Et comme nous sommes dans cet état intermédiaire pour le moment, l'humanité entière est obnubilée par l'amour.

Jérémy : Parce que c'est vers cela qu'on tend ?

Franck : Exact. C'est instinctif, c'est inscrit dans nos gènes, au plus profond de nous. Ainsi, l'humanité n'est occupée que par une chose : aimer et être aimé.

Jérémy : Et c'est pour ça qu'il y a autant de films, de poèmes et de chansons qui parlent d'amour ?

Franck : Oui. On veut prouver notre amour. **Tu remarqueras qu'on ne fait que prouver ce qui, d'après nous, n'existe pas.**

Jérémy : C'est vrai qu'en général nous n'avons pas besoin de prouver quoi que ce soit qui existe déjà.

Franck : As-tu besoin de prouver que tu respires ?

Jérémy : Non.

Franck : Non. Parce que c'est établi. Tu respires.

Jérémy : Je n'ai pas non plus à prouver que mon cœur bat ou que j'ai deux yeux.

Franck : Exact. **Si l'amour était une réalité observée, vécue par nous, on n'aurait pas à le prouver.**

Jérémy : Et qu'est-ce qui ressemble le plus à l'amour aujourd'hui ? Quelle est la plus belle preuve d'amour qu'on puisse donner aux autres ?

Franck : La permission.

C'est-à-dire, je te permets d'être tel que tu es. Grand, petit, beau, moche, efficace ou pas, compétent ou pas.

Jérémy : C'est là où on se rend compte que la phrase **« il faut s'aimer », est une phrase creuse qui ne servira à rien dans nos vies. Elle est trop vague, car on ne sait pas ce que ça veut dire.**

Franck : Mais ces mots très simples que sont « je me prends tel que je suis », ou « je ne cherche plus à m'améliorer » résonnent. En gros, **ce que nous sommes maintenant convient.**

Et ça, c'est ce qui ressemble le plus à l'amour aujourd'hui.

Jérémy : Le problème vient du fait qu'on vit dans ce monde d'images.

On se crée tous un beau représentant de nous-même qu'on présente aux autres dans le but de se faire aimer.

Et la vérité, c'est qu'**on a peur que si les gens découvrent le vrai nous, ils arrêteront de nous aimer.**

Franck : C'est ça. On est des gens qui faisons semblant.

Jérémy : Au fond, on a juste peur d'être démasqué et que les gens voient notre vrai nous ?

Franck : C'est ça, et notre souffrance vient de notre peur d'être démasqués.

Jérémy : Mais alors, quel est le remède à ça ?

Franck : **D'accepter de vivre démasqué et de respirer la peur qu'on a d'être vu tel qu'on est.**

Jérémy : Donc admettre, par exemple, qu'on a une partie de nous qui est radin, manipulateur, contrôlant, menteur, égoïste, incompétent, suspicieux.

Franck : L'admettre tout simplement parce que c'est la réalité humaine. Faire semblant qu'on est la moitié qualifiée de « positive » est un enfantillage.

Jérémy : En fait, des fois je suis généreux, des fois je suis radin. Des fois je suis gentil, des fois je suis méchant. Des fois je suis contrôlant, des fois je laisse les choses aller. On est les deux, finalement.

Franck : Nous sommes une entière possibilité.

Jérémy : Avant de clore ce chapitre, je veux juste revenir une dernière fois sur l'amour. Tu dis qu'on ne sait pas ce qu'est l'amour. Je me rappelle les fois où ma copine me disait « Est-ce que tu m'aimes » ? Je lui répondais : « Je ne sais pas, on dirait que je ne sais pas ce qu'est l'amour. » Et elle était choquée.

Franck : Mais oui.

Jérémy : Et, en fait, je viens de comprendre avec toi que je ne le sais pas parce que je ne l'ai pas encore en moi.

L'amour sous conditions

Franck : Certains vont dire : « Attends, j'aime mes enfants. »

Jérémy : Oui.

Franck : Et on va s'apercevoir, en fait, **qu'il y a des confusions entre l'attachement et l'amour, entre la peur que l'autre disparaisse et l'amour, entre l'envie de protéger l'autre et l'amour.**

Sur notre planète, pour le moment, l'amour sans conditions n'existe pas. **Nos enfants, on les aime sous conditions.** On les aime s'ils sont gentils, s'ils sont sages à l'école, s'ils sont respectueux, s'ils ne deviennent pas des *serial killers*, s'ils ne nous tapent pas, bref il y a toujours des conditions. **Notre planète est conditionnée et conditionnelle.**

Jérémy : Attends une seconde, je ne peux pas te laisser dire ça sans réagir. Beaucoup de parents qui vont lire ces mots ne seront sûrement pas d'accord avec toi, car ils sont persuadés d'aimer leurs enfants sans conditions.

Franck : Ces parents dont tu me parles sont aussi des enfants. S'ils avaient reçu cet amour inconditionnel, pourquoi chercheraient-ils encore aujourd'hui à devenir des belles personnes ?

Jérémy : Effectivement…

Franck : D'ailleurs, quand je dis à des parents qu'ils aiment leurs enfants sous conditions, ils ne se reconnaissent pas. Mais quand je leur demande si eux ont été aimés sans conditions, ils me répondent que non. Se sentir aimés de leurs parents ne s'est pas fait sans mal.

Jérémy : Tu veux dire que si l'amour inconditionnel était un fait vécu, on n'aurait pas à faire toutes ces démarches pour séduire nos propres parents ?

Franck : C'est ça. Des phrases aussi anodines que : **« Je suis fier de toi parce que t'as des bonnes notes » ou « je t'achèterai un jouet si tu es gentil » conditionnent l'enfant qui les écoute à agir pour obtenir l'amour.** C'est subtil et insidieux, et c'est efficace.

Jérémy : Ce qui fait qu'adulte, nous manquons tous d'amour…

En bref, je me prends tel que je suis.

Chapitre 7

Karma

*« La façon dont les gens vous traitent est leur karma;
la façon dont vous réagissez est le vôtre. »*
Wayne Dyer

Jérémy : On parle souvent de karma, et l'idée qui en sort est : « Si je fais quelque chose de mal, il y a quelque chose de mal qui va m'arriver. » Est-ce que tu penses que le karma existe ?

Franck : Oui et non.

Oui, il existe dans le sens de… tout ce que nous produisons à des répercussions. Et non, dans le sens de la punition et du mérite divin.

Jérémy : Mettons que je dis : « Je vais cambrioler mes voisins. »

Est-ce que quelqu'un va venir me cambrioler ? Est-ce que je vais payer pour ça ?

Franck : Non, c'est gratuit, si ça exprime ce que tu as envie d'exprimer.

Jérémy : Donc, ce que tu veux dire, c'est si tu te sens bien avec ça ?

Franck : Exact. **Ce que tu vas récolter, c'est ton sentiment par rapport à ce que tu fais.**

Jérémy : Donc si je cambriole mon voisin et je me sens très coupable de le faire, je vais vivre ma culpabilité ?

Franck : Oui. Tu vas vivre une situation où tu auras une bonne raison de te sentir coupable.

Jérémy : Qui n'est pas forcément un autre cambriolage ?

Franck : Non.

Jérémy : Prenons un cas extrême. Si, par exemple, je tue quelqu'un…

Franck : Oui.

Jérémy : Et je me sens extrêmement bien et limpide avec ça parce que je me dis qu'il le méritait, il n'y a rien qui va m'arriver ?

Franck : Non, il n'y a rien. Aucun problème avec ça.

Jérémy : À part peut-être la prison et si on me prend…

Franck : Non, tu te feras attraper que si tu te penses fautif.

Jérémy : Ok, donc, quand on dit « On récolte ce que l'on sème », en fait, la vraie formule, c'est « On récolte ce que l'on ressent » ?

Franck : Oui, c'est ça.

Jérémy : Si je pose une bonne action avec une fausse intention ? C'est-à-dire, je vais donner de l'argent à un itinérant dans la rue parce que « c'est bien de donner de l'argent », parce qu'on m'a dit qu'il fallait donner. Est-ce que je vais recevoir quelque chose en retour ?

Franck : Non, car à ce moment-là, tu te mens. Tu es hypocrite. Tu feras donc l'expérience de l'hypocrisie.

Jérémy : Ok. Donc ça revient à : « Je récolte ce que je ressens. »

Franck : Oui, c'est ça. Je dirais plutôt : « Je récolte ce que je suis. »

Jérémy : D'accord. Alors que si je donne vraiment avec une intention noble, qui est : « J'ai envie de te donner »…

Franck : Tu vas recevoir ce que tu as donné.

Jérémy : En résumé, je vais cambrioler, je me sens coupable, ça dit qui je suis : « coupable ». Et je ferai l'expérience d'être coupable. Je vais donner au clochard par pure générosité, ça dit qui je suis, « généreux », je ferai l'expérience d'être généreux.

> *En bref, je récolte ce que je suis.*

CHAPITRE 8

Pourquoi j'ai voulu ça ?

*« Si vous voulez trouver les secrets de l'univers,
pensez en termes de fréquences, d'énergies et de vibrations. »*
NIKOLA TESLA

*« Nous vivons tous, en ce moment,
la vie que nous avons choisie. »*
PETER MCWILLIAMS

Jérémy : Le chapitre précédent m'emmène directement à ce concept dont tu parles souvent qui est : « On vit ce que l'on vibre ».

Ce que j'avais compris du mot « vibrer », c'est que c'est un mélange de ce que je pense, c'est-à-dire mon conscient, et de ce que je ne vois pas de moi, c'est-à-dire mon inconscient. C'est bien ça ?

Franck : Oui.

Jérémy : Admettons que, dans la vie, je veux de l'argent, ça c'est ce que je pense consciemment. Mais inconsciemment, j'en ai une image un peu sale, car j'ai vu mes parents se séparer à cause de l'argent quand j'étais petit.

Franck : Oui.

Jérémy : Si consciemment je veux de l'argent, mais qu'inconsciemment l'argent est sale, qu'est-ce que je vais vivre dans ma vie ? Un mélange des deux ? C'est-à-dire que ma réalité, sera : « Des fois, j'en ai, des fois, je n'en ai pas ? »

Franck : C'est ça. Ou : « J'en ai, mais jamais assez. »

Jérémy : Que pouvons-nous faire avec ça ?

Franck : La première chose importante, c'est de comprendre qu'au lieu de se dire : « **Pourquoi je n'ai pas ça ?** », on peut se dire : « **Pourquoi j'ai voulu ça ?** ».

Jérémy : Dans ce cas, au lieu de dire : « Pourquoi je n'ai pas d'argent », on peut se dire « Pourquoi je ne veux pas d'argent ? »

Franck : C'est ça.

Jérémy : Car, que ce soit conscient ou inconscient, ça vient de nous ?

Franck : C'est ça. **Qu'on le veuille ou non, nous sommes responsable de cette réalité.**

Jérémy : Et comment tu réponds à la question : « Pourquoi je n'ai pas d'argent ? » si c'est inconscient ?

Franck : En formulant la question, il y a une part de la réponse qui arrive. En fait, si tu cesses de penser que ça vient de l'extérieur et que tu te dis : « Ok, ça vient de moi, pourquoi je ne veux pas plus d'argent ? », tu vas comprendre d'un seul coup d'où ça vient.

Peut-être que c'est la fameuse histoire de papa et maman qui se sont séparés à cause de l'argent, ou la fameuse loyauté au monde d'ouvriers duquel je suis issu, etc.

Jérémy : Donc, on est capable, en se posant la question, d'avoir la réponse ?

Franck : Oui. **Quand on se pose les bonnes questions, on a les bonnes réponses.**

Jérémy : Et ça, tout le monde est capable de le faire ?

Franck : Oui, bien que cela nécessite un certain degré d'honnêteté vis-à-vis de soi. C'est pour cela qu'il est nécessaire de transformer « Pourquoi je n'ai pas ce que je veux ? » en « Pourquoi j'ai voulu ça ? ».

Jérémy : C'est un point important que de réaliser que « nous sommes la source de tout ça ».

Franck : Que nous soyons conscient ou non, que ça nous plaise ou non, **tant que nous n'avons pas accepté d'être responsable d'une situation, comment pourrions-nous la changer ?**

Jérémy : Donc si nous n'avons pas d'argent, nous sommes responsable de ça, c'est-à-dire qu'il y a quelque chose à l'intérieur de nous qui bloque cette arrivée d'argent.

Maintenant, la question qu'on se pose tous, c'est comment débloquer cette situation ? Ce qui revient à dire : Comment fait-on pour connecter avec notre inconscient afin de le changer ? Comment fait-on pour libérer la voie afin que l'argent puisse affluer vers nous ?

Libérer la voie

Franck : Admettons que j'ai quatre ans, mes parents se séparent à cause de l'argent, je vis de l'impuissance, je ne comprends pas. **Ce sentiment d'impuissance s'immobilise quelque part en moi.**

Puis, à un moment donné, j'ai vingt-huit ans et je dis « je veux de l'argent ». Ce qui bloque, c'est cette émotion immobilisée en moi lorsque mes parents se sont séparés. J'espère que tu me suis ?

Jérémy : Oui.

Franck : Et l'idée, c'est de revivre une scène de vie qui va nous faire ressentir cette même « charge émotive » que j'ai ressentie à quatre ans. **Si nous nous permettons de la ressentir, nous la libérerons.** Et éventuellement, nous attirerons l'argent à nous.

Jérémy : Ok, donc si j'ai bien compris, la vie va nous faire vivre un événement qui va nous faire ressentir de l'impuissance. Si on se permet de ressentir cette impuissance, on la débloque et la voie se libère, le canal est rouvert, pour ainsi nous permettre d'attirer l'argent à nous.

Franck : Exactement.

En bref,
tout ce que je vis
est un mélange
de mon conscient
et de mon
inconscient.

CHAPITRE 9

Les scènes de la vie : la clé

> « *Le hasard est un mot vide;
> rien ne peut exister sans une cause.* »
> **Voltaire**

> « *Un problème est une chance
> pour toi de faire de ton mieux.* »
> **Duke Ellington**

Jérémy : Je sais maintenant que ce qui nous empêche de vivre ce que nous avons envie de vivre consciemment, c'est ce que nous avons enregistré inconsciemment. Et ceci vient des événements que nous avons vécu dans notre vie d'enfant qui nous ont fait ressentir des émotions qui sont restées immobilisées là.

Franck : Oui

Jérémy : Et la façon de « mettre à jour et de reformater » notre inconscient est de nous permettre de vivre les émotions que les scènes de la vie nous font ressentir. Car nous savons **qu'en nous permettant de ressentir ces émotions, nous débloquons les émotions coincées et donc nous libérons les canaux qu'elles obstruaient.**

Franck : Oui. Tout à fait. **En vivant l'émotion, on libère l'énergie,** et d'un seul coup, quelque chose que l'on s'interdisait inconsciemment redevient possible.

Pourquoi ça ne marche pas toujours ?

Jérémy : Le problème que beaucoup d'entre nous rencontrons, c'est qu'au lieu de se permettre de ressentir l'émotion qu'une situation provoque en nous, on préfère essayer d'avoir raison, on veut être meilleur que l'autre, ou on veut gagner notre point.

Franck : C'est même plus simple que ça. Quand tu es petit et que tu as une émotion, on te dit : « Pourquoi tu pleures ? ». Donc, tu te dis : « Si je pleure, il me faut une raison. »

Puis, après, quand ta grande sœur ne pleure pas, on te dit : « Tu as vu ? Ta grande sœur, elle, elle est grande, elle ne pleure pas. » Donc tu te dis : « Ah ! Ok. Quand je n'ai pas d'émotions, je suis grand. »

Puis, après, tu entends : « Ah! regarde comme il est sage, il n'a pas pleuré! » Et là, tu te dis : « Ah! Quand je n'ai pas d'émotions, je suis sage. »

Et on finit par penser que la sagesse, c'est de ne plus ressentir.

Jérémy : Et donc on se dit que **plus on ressent, plus on a l'impression d'être immature.** Finalement, on a appris à se couper de ses émotions ?

Franck : **On a appris à se couper de ses émotions, comme si ça faisait de nous des adultes et des gens sages.**

Jérémy : Alors qu'on réalise aujourd'hui que plus on vit ses émotions, et plus on se libère. Ainsi, plus on vit ses émotions et plus la vie devient simple.

Franck : **La maturité, c'est d'accepter de ressentir, plutôt que de faire un déni de ses ressentis pour se faire passer pour quelque chose d'autre.**

Jérémy : Finalement, les émotions sont la clé de tout dans la vie ?

Franck : Ce ne sont pas les émotions qui sont la clé, mais plutôt les scènes de la vie qui se présentent.

Jérémy : On peut donc dire que la vie travaille pour nous, en nous présentant des événements parfaits pour nous...

Franck : C'est ça.

Jérémy : Un accident de voiture, un ami qui t'engueule, un collègue qui te ridiculise. Peu importe.

Franck : Oui.

Jérémy : Et en vivant l'émotion associée, que ce soit de l'impuissance, de la frustration ou de la tristesse, on se libère de quelque chose à l'intérieur, ce qui va nous permettre de nous rapprocher de ce qu'on veut.

Franck : Exactement.

> En bref, plus je ressens mes émotions, et plus ma vie devient simple.

Chapitre 10

Le problème est aussi la solution

« Les maladies sont le plus court chemin de l'homme pour arriver à soi. »

Thomas Bernhard

Jérémy : Dans le chapitre précédent, on a dit que l'émotion par rapport à la scène qui apparaît est la clé pour guérir quelque chose à l'intérieur.

Franck : Oui.

Jérémy : Quand on ne se permet pas de vivre cette émotion-là, est-ce que c'est vrai qu'on peut tomber malade ? Physiquement, je te parle.

Franck : Oui, je pense. Les informations qui doivent, pour notre système, être rendues conscientes, mais qu'on ne veut pas rendre conscientes, vont passer par le corps, c'est-à-dire que c'est notre corps qui va prendre en charge l'information, sans que notre conscient puisse y faire quoi que ce soit.

Et quand notre corps se charge de traduire une information, ça prend la forme de symptômes qui sont à la fois le problème et la solution.

Jérémy : Donc si j'ai une grippe, c'est un problème, mais c'est aussi la solution, car c'est l'émotion qui passe par le corps ?

Franck : Exact. Mettons que j'ai une grosse colère, mais que je ne me donne pas le droit de ressentir de la colère parce que ça voudrait dire que je ne suis pas sage. Je vais donc étouffer ma colère. Par conséquent, mon corps va faire une fièvre, qui est l'expression de la colère. Ainsi, en fait, ma colère va vraiment être vécue par moi, c'est-à-dire passer par mon système, sans que ce soit mon conscient qui s'en occupe.

Jérémy : Donc, dans ce cas, la fièvre devient simultanément le problème et la solution ?

Franck : Oui.

Jérémy : Est-ce que toutes les maladies sont une bénédiction ?

Franck : Elles sont à la fois une bénédiction et une horreur, n'oublions pas l'autre face de la pièce.

Jérémy : Qu'est-ce qu'on dit aux médecins qui disent que les maux physiques n'ont aucun rapport avec l'émotif, qu'ils sont juste des maux physiques ?

Franck : Je conseille aux gens qui vivent leur vie d'accepter les deux versions. Pour moi, en fait, qu'on attrape une maladie ou qu'on se fasse renverser par une voiture, quelque chose est lié à l'énergie. Les deux agissent, simultanément. L'émotif et le physique.

Jérémy : Finalement, on peut dire que tout ce qui nous arrive, que ce soit une maladie ou un événement, est là pour nous amener à traduire une émotion.

Franck : À traduire une énergie.

Jérémy : Qui va nous libérer quelque chose à l'intérieur qui a à être libéré.

Franck : C'est ça. Qu'on en soit conscient ou pas.

Jérémy : Et, donc, tout ce qu'on peut faire, c'est dire oui à ce qui arrive, même si c'est désagréable et douloureux…

Franck : Je pense oui. Et, de toute façon, **tu verras dans ton expérience que même si tu dis non à ce qui arrive, ça arrive quand même.**

En fait, dire non, c'est juste poser une résistance de plus qui va, en général, accentuer les symptômes, c'est-à-dire que ce soit la maladie ou la situation désagréable dans ta vie.

Jérémy : Est-ce que plus tu retardes le moment où tu vas vivre l'émotion, plus la maladie va être grave, ou l'événement va être important ?

Franck : Oui, je pense qu'effectivement, **il y a une espèce de proportionnalité entre ta résistance à te connaître et les symptômes te permettant de te connaître.**

Jérémy : Si on se dit que plus on résiste, plus la maladie est grave, est-ce que ça veut dire que, si j'ai un cancer, j'ai résisté longtemps à une émotion profonde ?

Franck : Oui, c'est ça. **Plus tu résistes à te connaître, plus les symptômes, c'est-à-dire plus la situation ou la maladie, vont être forts et violents.**

Jérémy : Je me suis déjà vanté de ne pas avoir été malade pendant un an… Et pourtant j'en ai refoulé des émotions. Comment tu expliques cela ?

Franck : Parce que, en fait, on a plein de systèmes nous permettant de purger les petites poches de poison qu'on a contre soi.

Jérémy : Peux-tu développer ?

Franck : Tu vois, par exemple, si chaque fois que tu te regardes dans le miroir, tu te détestes...

Jérémy : Oui.

Franck : Tu constitues une petite poche de poison et, chaque fois que tu vas te regarder en te détestant dans le miroir, tu vas nourrir cette poche-là. Cette poche de poison, c'est une réserve d'énergie qui a besoin d'être purgée. Et, pour ça, tu vas te taper le pied contre le coin de la table et tu vas te faire vraiment mal. Le coin de la table, en fait, purge la poche de poison.

Jérémy : D'accord.

Franck : Donc tu ne le vois pas, mais il y a plein de choses dans ta vie qui te permettent un nettoyage. Par exemple, tu te dis : « Je ne suis pas tombé malade et je vais plutôt bien », mais la dernière fois, en partant de ton travail, t'as roulé sur un écureuil et ça t'a vraiment chamboulé.

Jérémy : Ok.

Franck : Et là, en fait, t'es en train de nettoyer un truc qui t'évite peut-être une maladie grave dans deux mois sans que tu le saches.

Jérémy : Qu'est-ce qui fait qu'il y a des enfants de deux ans qui vont attraper une leucémie, ou un cancer ?

Franck : Il y a autant de réponses que de cas.

Nous pouvons imaginer par exemple un enfant, naissant dans une famille où chaque père bat son fils, et chaque fils déteste son père, depuis des générations…

Jérémy : Et il va donc réagir à cela inconsciemment ?

Franck : Oui, en fait, il décide sans le savoir de nettoyer la lignée d'hommes.

Jérémy : Grâce à cette maladie-là ?

Franck : Oui en quelque sorte. Partons du principe que la lignée, c'est son sang. Donc, pour nettoyer son sang, il a une maladie du sang qui s'appelle la leucémie. Il va vivre sa leucémie, puis mourir, créant ainsi une telle onde de choc autour que plus personne ne tapera sur son fils dans cette famille.

Jérémy : On ne peut quand même pas dire que chaque homme ayant perdu un fils était un mauvais père ?

Franck : Bien sûr que non. L'exemple est grossier, voir simpliste, mais explique bien la mécanique à l'œuvre.

Jérémy : Je peux me relier à ce que tu dis. Après la mort soudaine de mon père, toute ma famille est devenue soudé et unie.

J'ai donc vécu comment quelque chose d'horrible arrive pour résoudre quelque chose.

Franck : C'est ça. Quelque chose d'horrible et, simultanément, une solution. Cela dit, attention, mon propos n'adoucit en rien la violence et le sentiment d'injustice qui arrive lorsqu'un enfant en pleine santé tombe malade et meurt.

Ce que je veux dire par là, c'est **qu'on ne doit pas utiliser la spiritualité pour rendre explicable ce qui est inexplicable et rendre acceptable ce qui est inacceptable.**

Jérémy : C'est violent et horrible. Et des fois, ça arrive tout simplement parce que ça arrive. Il n'y pas forcément d'explications ou de raisons à trouver.

Franck : C'est ça. C'est violent, horrible et injuste. Il n'y a rien à faire. Quand quelqu'un vit ça, on peut juste tourner vers lui notre compassion, ressentir l'injustice et le dégoût qu'on a.

En bref,
chaque maladie
ou évènement
désagréable est
simultanément
un problème et
la solution.

CHAPITRE 11

Quand le pire rencontre le meilleur

« Ma vie est parfaite même quand elle ne l'est pas. »
ELLEN DEGENERES

Jérémy : Ce n'est pas toujours évident de voir combien un événement tragique a pu être bénéfique pour nous.

Franck : Les gens qui ont vécu les choses les plus difficiles, comme des cancers, des accidents de voiture ou la mort d'un proche, sont capables, une fois ressortis de la machine à laver émotionnelle, de dire « ce moment, qui est le plus dur de ma vie, a été le plus transformateur » ou « ce moment, le plus dur de ma vie, a été le moment qui m'a le plus construit et qui m'a permis de me libérer du plus gros de mes fardeaux ».

Jérémy : Si tu t'es permis de ressentir l'émotion qui allait avec ?

Franck : Non, en fait, je pense que, dans ces moments-là, quand les choses sont vraiment difficiles, on ne se demande pas « est-ce que j'accepte ? », ou « est-ce que je n'accepte pas ? », « est-ce que je ressens ? » ou « est-ce que je ne ressens pas ? ».

Si tu vis la mort d'un enfant, tu ne te demandes pas si tu vas gérer l'émotion, tu la prends en pleine face, tu te laisses bouleverser. Mais il s'avère que, quelques mois, ou quelques années plus tard, tu t'aperçois que cet événement a été fondateur de quelque chose de profond et de magnifique dans ta vie.

En fait, **quand tu regardes le témoignage des gens qui ont vécu les pires drames, ce sont ceux, en fait, qui sont le plus porteurs de lumière.**

Jérémy : Finalement, toutes les pires choses qui peuvent nous arriver dans la vie sont là pour notre bien ?

Franck : Oui et même si elles sont, simultanément, les plus horribles à vivre. **Ça n'adoucit en rien la violence du vécu.**

> En bref,
> les pires
> événements sont
> les plus
> transformateurs.

CHAPITRE 12

Courir après ou laisser venir ?

« Bonheur ou malheur sont l'expression de ce que nous sommes, non le résultat de ce que nous avons. »
ARNAUD DESJARDINS

Jérémy : Je veux revenir sur un point qui manque de clarté pour moi.

Maintenant qu'on sait que l'on attire ce que l'on vibre (consciemment et inconsciemment) et que l'inconscient se règle avec nos émotions que les scènes de la vie nous font vivre, parlons de ce que nous pouvons faire consciemment.

Franck : On a tous entendu le célèbre adage : « Demandez, et vous recevrez », mais souvent, ça n'arrive pas.

On a beau se forcer à dire « je veux ceci » ou « je veux cela », et souvent ce que l'on obtient n'a rien à voir avec.

Jérémy : Parce que, inconsciemment, on veut autre chose ?

Franck : Parce que, inconsciemment, on veut autre chose.

Donc plutôt que d'être constamment déçu par rapport à ce qu'on crée, on peut adopter une nouvelle attitude. En fait, au lieu d'être en quête d'objets, on se place en état de réception. En d'autres mots, **plutôt que de chercher à atteindre mes objectifs, je laisse mes objectifs me trouver.**

Jérémy : Comment ?

Franck : Ma technique est la suivante : je me place là où je suis et je dis à la vie : « Montre-moi ce que je suis. » Parce qu'en fait, elle passe son temps à faire ça.

Jérémy : Montre-moi ce que je suis ? Que veux-tu dire ?

Franck : En fait, **nous ne savons pas quelles sont nos croyances profondes, mais la vie nous le montre.**

Si on veut savoir ce qu'on pense de l'argent, regardons tout ce que nous vivons en relation avec l'argent. Si on veut savoir ce que l'on pense de l'amour, regardons ce que nous vivons en relation avec l'amour. **La vie ne ment pas à notre sujet.**

Jérémy : Si je me fie à ce que tu viens de dire, ça signifie que si, par exemple, je ne suis jamais en couple et que je me fais constamment quitter par les hommes ou les femmes avec qui je suis, inconsciemment, il y a quelque chose qui cloche ?

Franck : C'est ça. Et ça me donne un outil pour me connaître.

Car tout ce qui se passe à l'extérieur est un indice de ce qui se passe à l'intérieur.

Jérémy : Très clair.

Franck : Maintenant, il faut savoir que quand nous sommes en train de vouloir attirer amour, travail, santé et succès, c'est pour combler le vide en nous. **Et le vide en nous, c'est le manque d'amour que nous avons pour nous.**

Jérémy : J'ai besoin d'explications là.

Franck : Nous avons tous, dans nos gènes, la peur de la mort.

Jérémy : Je t'arrête ici. Je connais beaucoup de gens qui me disent qu'ils n'ont pas peur de la mort. Est-ce qu'ils mentent ?

Franck : Non, je ne crois pas. Ils sont sincères. Mais je parle d'une inscription génétique au plus profond de notre cerveau reptilien. Le genre d'inscription permettant à nos réflexes de survie de nous éviter de traverser la rue quand un bus passe.

Jérémy : On a donc tous une puissante inscription qui nous garde en vie.

Franck : Oui, et cette peur de la mort est tellement forte qu'on va chercher à bâtir ou à construire sa vie comme si on pouvait s'en éloigner.

Si on utilise les termes « bâtir sa vie » ou « construire sa vie », **c'est parce qu'on essaie de construire un mur censé nous protéger du gouffre de la mort.**

Donc j'aimerais que chacun de nos lecteurs comprenne qu'à travers les objets que nous cherchons à obtenir, au fond, nous essayons de nous prémunir contre la mort. Comme si le fait d'avoir un foyer, un amour, de l'argent et de la sécurité pouvait nous éloigner de la terrible insécurité qui est : « Je ne connais pas demain. »

En fait, nous sommes dans une course pour nous gaver de quelque chose, comme si ça allait nous empêcher de mourir.

Jérémy : Wow…

Et d'ailleurs, on remarque que cette course à la consommation est sans fin. On a beau consommer et acquérir des choses, notre désir n'est jamais rassasié.

Franck : Exact et je redis que quand nous sommes en train de vouloir attirer des choses à nous, c'est pour combler le vide en nous. **Et le vide en nous, c'est le manque d'amour pour nous.** Comme ces objets ne remplissent pas le vide, nous en recherchons toujours d'autres.

Si nous nous aimions complètement, nous n'aurions pas besoin de combler le vide.

Jérémy : Oui. Comme une passoire que tu remplis d'eau.

Mais alors, que pouvons-nous faire pour améliorer notre sort ?

Franck : J'ai remarqué que, si je me pose là et que je dis : « Je me prends tel que je suis », « J'aime être ce que je suis », « J'aime le petit Franck incompétent, menteur et tricheur que je suis » et « J'aime aussi le Franck sympathique, gentil et généreux »,

que peut faire la vie par rapport à ça ? Elle ne peut que m'envoyer des situations qui me prouvent que j'ai bien raison de me prendre tel que je suis.

Jérémy : Je ne comprends pas, que veux-tu dire par là ?

Franck : Laisse-moi te donner une image : quand tu envoies un caillou dans l'eau, une onde s'éloigne du point d'impact pour finalement revenir vers toi. Et le retour sera proportionnel à la force de l'impact. La vie agit ainsi avec ce qu'on lui envoie, c'est purement de la physique.

Si je dis : « J'adore être moi », la vie me dit : « D'accord, tu adores être toi ». Et elle n'a plus qu'à m'envoyer des situations qui me prouvent que j'ai bien raison d'aimer être moi. Tu vois la différence ?

Jérémy : Ce que tu veux dire, Franck, c'est que, par exemple, si je suis gentil avec les gens, je vais recevoir de la gentillesse ?

Franck : Oui et non. **Tu ne reçois pas ce que tu penses envoyer, mais ce que tu dégages en tant que personne.** Si tu es gentil consciemment mais qu'inconsciemment tu respires la rancœur ou le ressentiment, tu obtiendras une réalité qui sera un mélange de toutes ces énergies.

Jérémy : Et comme on a dit précédemment, si on veut savoir ce qu'on émet, on doit regarder notre vie.

Franck : C'est ça, la vie prend la forme de l'énergie que je porte.

Se connaître, la voie du moindre effort

Franck : Avant, je cherchais à aller vers la vie pour prendre des objets afin de me sentir aimé, maintenant, j'inverse la tendance. Je me prends tel que je suis en proclamant mon droit d'être moi…

Jérémy : Parce que c'est ça le but en fait, se connaître ?

Franck : Oui, car **plus on accepte de se connaître, et plus la vie est simple.** La vie nous ressemble. Quand on se déteste, elle nous déteste. Quand je la prends telle qu'elle vient, je me mets dans le courant, et tout redevient fluide. D'où l'idée d'accepter toutes nos parts, tant négatives que positives, pour ne pas ramer à contre-courant de qui nous sommes.

Jérémy : Et la vie se charge de nous montrer qui nous sommes.

Franck : Exact.

Jérémy : Sauf que ce n'est pas si simple de se connaître, car la plupart d'entre nous ont du mal à accepter leurs parts d'ombre.

Franck : Tu as raison, mais elles sont bien là, ces parts d'ombre, alors autant les voir et les accepter.

En fait, si la vie est un voyage, je veux savoir avec qui je fais le voyage, je veux me connaître.

Et c'est pour cela que j'adore découvrir que je suis parfois un menteur mesquin et lâche, parce ça me permet de me découvrir et de me connaître.

Exemple concret

Jérémy : Admettons que tu vives une situation désagréable, ou que tu sois menteur avec ta copine et que tu la rendes triste.

Franck : Oui, tu vas te dire : « Je suis un menteur, je suis un humain et, oui, c'est vraiment ce que je suis. »

Finalement, au fond, pourquoi ai-je menti ? Parce que j'avais peur de ne pas être aimé. Alors, c'est quoi mon problème ? Je suis un humain qui manque d'amour et qui a peur de ne pas être aimé ! Je peux parfaitement accepter d'être ça.

Jérémy : Et finalement, **on peut voir que derrière tout ce qu'on appelle « négatif » chez un humain, il y a la peur de ne pas être aimé.**

Franck : Tu es manipulateur parce que tu as peur de ne pas être aimé, tu es violent parce que tu as peur de ne pas être aimé, tu triches parce que tu as peur de ne pas être aimé. Et alors ?

Est-ce qu'un humain qui a peur de ne pas être aimé doit être rejeté ? Non. Pis après tout, on est tous comme ça, non ?

Jérémy : Tous.

Franck : Personnellement, j'arrête de vouloir constamment me corriger et m'améliorer. Je me prends tel que je suis, je me laisse tranquille.

Jérémy : Donc tu es simplement content de ce que tu es et, naturellement, tu te sens soutenu par la vie ?

Franck : La vie n'a plus d'autre choix que de créer des situations qui me prouvent que j'ai bien raison d'aimer être moi. Mais, pour ça, il va falloir que j'accepte sincèrement de m'aimer lorsque j'ai un genou à terre, lorsque je suis nul, ou lorsque je n'ai pas une bonne attitude.

*En bref,
plus j'accepte
l'humain que
je suis,
et plus la vie
devient simple.*

CHAPITRE 13

Donnons l'exemple

« Donner l'exemple n'est pas le principal moyen d'influencer les autres, c'est le seul moyen. »
ALBERT EINSTEIN

Jérémy : On était d'accord au départ pour dire que cette expérience qu'on vit ici, c'est être capable de se regarder et d'accepter toutes les parties de nous, les plus belles comme les plus laides. Qu'est-ce qui fait qu'on a aussi peur de se voir ? Est-ce que c'est parce que c'est trop dur à admettre ?

Franck : **On a appris depuis l'enfance qu'on obtient l'amour sous conditions.** En d'autres mots, on n'est aimé que quand on est une bonne personne, c'est-à-dire joyeux, sympa, aidant et compétent. En fait, être une bonne personne est un simple moyen d'attirer l'amour.

Et on a le sentiment que si on est pris en flagrant délit d'être autre chose, on va perdre l'attention, donc l'amour des autres.

Jérémy : Et ça, ce sont les conditionnements qu'on a vécus auprès de nos parents, qui eux les ont vécus auprès de leurs parents ?

Franck : Dans ta question, il y a la réponse. C'est le conditionnement, c'est-à-dire le fait de vivre sous conditions. **Le conditionnement signifie que si je ne réponds pas à certaines conditions, on me retire l'amour.**

Comme on le disait dans un chapitre précédent, on n'est pas encore dans la capacité de vivre l'amour inconditionnel, donc même l'amour pour nos enfants est un amour conditionnel. Et, ces enfants, très vite, enregistrent que s'ils répondent aux conditions, ils reçoivent de l'amour. S'ils ne répondent pas aux conditions, ils ne reçoivent pas d'amour.

Jérémy : Finalement, la plus belle chose que l'on puisse faire, c'est d'accepter tout ce qu'on est et, éventuellement, d'apprendre à nos enfants à accepter tout ce qu'ils sont ?

Franck : **Je pense même que le seul moyen de permettre à nos enfants d'accepter leurs différentes facettes, c'est de montrer l'exemple.**

Si, en tant que parent, je me permets d'échouer, de pleurer, de douter, je suis en train de leur enseigner que la vie n'est pas une démarche de réussite. Je suis également en train de leur montrer d'arrêter de « faire semblant d'être une bonne personne », mais d'accepter d'être simplement une personne.

Jérémy : Finalement, si on veut enseigner à nos enfants la possibilité de se prendre tels qu'ils sont, on n'a qu'un moyen, c'est de se prendre tel que l'on est.

> *En bref, en acceptant tout ce que je suis, je permets aux autres d'accepter tout ce qu'ils sont.*

Chapitre 14

Être tout ou rien

*« La vie ne peut être comprise qu'en regardant en arrière;
mais il faut la vivre en avant. »*
Soren Kierkegaard

Jérémy : Je trouve ça tellement sensé et merveilleux de réaliser que si on tâche d'être une bonne personne, c'est qu'on a peur de perdre l'amour des autres.

Franck : Oui. Et il y a quelque chose de plus profond et de plus lointain. C'est qu'à ton arrivée, quand t'étais un bébé tout nu face à la vie, tu avais une offre, qui était la possibilité de devenir tout et n'importe quoi. Tu étais comme un petit tube vide, transparent, qui avait la permission d'être tout ce qu'il voulait.

Le côté négatif de ce tube vide, c'est qu'il crée une peur chez toi. **C'est la peur du néant, la peur de n'être rien.**

Jérémy : Wow… Et cette peur est tellement immense qu'on a acheté ce que les gens disaient sur nous pour combler ce vide ?

Franck : Exactement. Un jour, tu as entendu : « Tu es une bonne personne » et tu t'es dis : « Ok, je suis une bonne personne ». Ensuite on t'a dit : « T'es sympa » et tu t'es dit : « Ah ! je suis une bonne personne, sympa ! » Et ensuite on t'a dit : « T'es fiable », et tu t'es dit : « Ah ! je suis une bonne personne, sympa et fiable. » T'as sauté sur ces trois mots, sur ces trois injonctions entendues de papa, de maman ou de ton prof d'histoire.

Jérémy : Pour devenir quelqu'un…

Franck : C'est ça. **T'as sauté là-dessus pour enfin être rassuré puisque que tu devenais quelque chose, et c'en était donc fini de ta peur du vide et du néant.**

Le problème, c'est qu'une fois que tu t'es cru fiable et sympa et qu'on t'a dit : « Tu n'es pas fiable » ou « Tu n'es pas sympa », tu t'es battu, tu t'es défendu, parce tu voulais absolument rester cette personne fiable et sympa.

Jérémy : Est-ce à cause de cela qu'on refuse certaines de nos facettes ?

Franck : Oui, c'est par peur de retourner au néant et à cette immense liberté que nous offre la vie : **la possibilité d'être tout.**

Jérémy : On préfère donc une petite identité connue au grand vide de l'inconnu ?

Franck : Oui, cette liberté nous paralyse.

On ne veut pas avoir la liberté d'être tout, on préfère continuer de donner raison aux premiers personnages qu'on s'est mis à incarner et qui nous donnent une identité. **Cette identité agit comme un bouclier contre le néant, contre le vide qui compose ce que nous sommes.**

En bref, j'accepte la peur d'être rien pour avoir la possibilité de devenir tout.

Chapitre 15

L'endroit où ça pousse pour nous

> « *Le malheur, c'est exactement la différence qu'il y a entre le rêve et le réel.* »
> **Jacques Brel**

Jérémy : Beaucoup d'entre nous se demandent : « Que dois-je faire de ma vie ? »

Franck : Pour répondre à cette question, je vais utiliser une métaphore que j'ai inventée. Si on regarde un arbre, il pousse à l'endroit où il pousse.

Jérémy : Oui.

Franck : Ce que je veux dire par là, c'est qu'un arbre se met à pousser à l'endroit où il y a quelque chose en dessous de lui qui lui permet de pousser. C'est parce qu'il a des nutriments et que ses racines sont plongées dans quelque chose qui lui permet de se nourrir. Quand un arbre est devenu un arbre, c'est qu'il est à l'endroit géographique précis où ça pousse pour lui. Tu comprends ce que je veux dire par là ?

Jérémy : Oui.

Franck : Je pense que pour les humains, c'est exactement la même chose. Il est un endroit où nos racines sont au cœur de ce qui est bon pour nous. **Et je crois, en fait, que ce qu'on peut offrir de plus clair à chaque humain qui va lire ce livre, c'est d'apprendre à se mettre à l'endroit exact où ça pousse pour lui.**

Jérémy : Ça, c'est génial. Et ça m'amène directement à une étude qui dit que 80 % des gens ne font pas ce qu'ils aiment.

La grande question que beaucoup de gens se posent, c'est : « Comment trouver ce que j'aime faire ? » Ou « Comment trouver l'endroit où ça pousse pour moi, finalement ? »

Franck : Il y a trois notions à clarifier avant que je puisse répondre à ta question.

La première, c'est l'état présent et l'état désiré. La deuxième, c'est l'endroit où ça pousse pour moi. Et, la troisième, c'est les rencontres et les synchronicités.

L'état présent et l'état désiré

Franck : Lorsque nous sommes à un endroit, mais que nous voudrions être à un autre endroit, il y a l'état de notre présent et l'état où nous serons lorsque nous aurons obtenu ce que nous voulons, qui est l'état désiré. Tu comprends ?

Jérémy : Oui. Pour donner un exemple concret, mettons que mon état présent est : je loue un appartement en ville. Et mon état désiré est : j'aimerais vivre dans une maison en banlieue.

Franck : Voilà. Et ce qui nous donne envie de bouger de l'état présent vers l'état désiré, c'est que notre état présent ne convient pas.

Jérémy : Exact.

Franck : Ici, c'est la même chose, mais avec ce qu'on est.

L'état présent est ce que je suis aujourd'hui, et l'état désiré est ce que j'aimerais devenir. Pour atteindre cet état désiré, nous allons chercher à nous améliorer et à grandir.

Jérémy : Et quand on cherche à s'améliorer et à grandir, cela revient à dire que **ce que nous sommes aujourd'hui n'est pas suffisant**.

Franck : Tout à fait. Donc chaque fois qu'on fait exister l'état présent, ici, et, plus loin, l'état désiré, **on fait exister le manque d'amour pour nous.**

Jérémy : Oui.

Franck : Parce que chaque fois qu'on fait exister un état où on sera mieux là-bas, ça veut dire qu'on est moins ici. Tu comprends ça ?

Jérémy : Oui, pour l'illustrer avec du matériel, on pourrait dire : « Je serai heureux quand j'aurai une piscine » ou « Je serai heureux quand j'aurai une Mercedes. »

Franck : Exactement. Et **l'existence même d'un état désiré crée de la frustration, car vouloir atteindre l'état désiré signifie que mon état présent n'est pas bon.**

Jérémy : Oh…

Franck : Donc, faire exister un état désiré lointain crée, dans l'instant présent, la manifestation de : « Je n'aime pas ma vie ici. »

Et comme je dégage maintenant « Mon état n'est pas bon », je vibre « Mon état n'est pas bon » et j'ai une vie qui montre effectivement que mon état n'est pas bon.

Jérémy : Pour être très clair avec nos lecteurs, on parle ici d'un état « d'être » et non de « faire ». C'est-à-dire que tant que je suis heureux avec qui je suis, je peux désirer vouloir faire plein de choses comme écrire un livre, partir en voyage ou acheter une maison. Et finalement, je me rends compte que, peu importe que j'obtienne ou non ces choses, ça n'a pas d'importance, pas d'effet sur mon bonheur, car je suis heureux d'être moi maintenant.

Franck : C'est ça. **Je peux désirer des choses, mais je ne désire pas être autre chose.**

L'endroit où ça pousse pour moi

Franck : L'endroit où ça pousse pour moi n'est pas, comme pour les arbres, un endroit géographique. Ça ne sert à rien de chercher le sol qui est bon pour moi, en me disant : « Il faut que je déménage ou il faut que j'aille là, parce que quand je serai là, j'irai mieux. »

Jérémy : Ok.

Franck : Les humains sont comme des arbres mobiles et donc, pour nous, ce n'est pas un endroit géographique qu'il faut trouver, c'est un état d'être…

Jérémy : Oui.

Franck : L'état d'être, qui me met à l'endroit où ça pousse pour moi, **c'est quand je conjugue, dans un seul et même moment, l'état présent et l'état désiré.** En d'autres mots, je ne cherche plus à devenir une meilleure personne. Je cherche plutôt à m'accepter comme je suis.

Ça signifie que mon état désiré, c'est être moi maintenant. Mon plus grand rêve dans la vie, c'est être ce que je suis tout de suite.

Jérémy : Donc, pour que ce soit très clair pour les gens, ce que je suis maintenant, c'est la personne qui accepte toutes les parties d'elle-même, finalement ?

Franck : Exact : « Je me prends totalement tel que je suis. Je ne cherche plus à devenir. »

Jérémy : D'accord.

Franck : Et ni une piscine, ni une situation professionnelle, ni un bébé ne me feront devenir ce que je suis.

Jérémy : Donc ça revient à aimer toutes les parties de soi.

Franck : Ça veut dire accepter toutes les parties que je connais de moi.

Donc l'endroit où ça pousse pour un humain, c'est l'endroit où il se prend tel qu'il est.

Jérémy : D'accord.

Franck : **Tant que nous cherchons à devenir autre chose, nous continuons de vibrer que ce que nous sommes maintenant ne convient pas, et nous en ferons l'expérience.**

Jérémy : Qu'est-ce qu'on dit aux gens qui se sentent constamment moins ?

Franck : **Qu'il faut en finir avec le désir de devenir plus.**

Lorsque je conjugue l'état présent et l'état désiré, mon plus grand rêve dans la vie est d'être ce que je suis tout de suite, et plus personne au monde ne me fera m'améliorer. Ni mon père, ni la société, ni ma femme ne me changera désormais. Je suis ce que je suis.

Les rencontres et les synchronicités

Franck : Quand on se met à cet endroit où ça pousse pour nous, il se produit quelque chose de merveilleux : d'un seul coup, toute la vie devient plus simple. C'est comme si on avait plongé nos racines à l'endroit où la nourriture est facile. D'un seul coup, ce que nous cherchions à obtenir, quand on voulait devenir une autre personne, nous est offert spontanément.

Jérémy : Donc t'es en train de me dire que si j'accepte toutes les parties que je vois de moi, instinctivement, je vais savoir ce que j'ai à faire. Parce que je sais ce que je suis ?

Franck : C'est mieux que ça ! Ce n'est même pas « instinctivement, je vais savoir », **c'est : cette connaissance va venir à moi.** Je vais entendre les bonnes phrases, je vais tomber sur les bons livres, je vais croiser les bonnes personnes, je vais créer les occasions qui étaient invisibles l'instant d'avant. **Soudain, tout est simple et clair.**

Jérémy : Et, finalement, une fois que j'accepte toutes ces parties-là que je vois de moi, j'ai juste à aller vers ce que j'aime ?

Franck : **Je n'ai plus à aller vers, c'est la vie qui vient vers moi.** C'est là qu'on retourne à : « La vie est la solution à la vie. » Je ne lutte pas contre le mouvement de la vie. Je me mets à l'endroit où elle m'a mis. Elle m'a dit : « **Franck, comme tu te sens, c'est comme je voulais que tu te sentes. Accepte-le et je t'en donnerai plus.** »

En bref, je conjugue mon état présent et mon état désiré.

CHAPITRE 16

Tout le reste est gratuit

> « *Aime la vie que tu vis.*
> *Mène la vie que tu aimes.* »
> **BOB MARLEY**

Jérémy : Par souci de clarté pour nos lecteurs, on peut être très bien dans ce qu'on est aujourd'hui et désirer avoir un enfant, un bateau ou une voiture ?

Franck : Oui, car on n'est plus dans « je désire quelque chose pour devenir une nouvelle personne ou pour améliorer la personne que je suis », mais simplement dans « la chose que je désire montre qui je suis ».

Jérémy : As-tu un exemple ?

Franck : Si je désire un nouveau travail soit je le désire parce qu'à mon avis ce travail va faire de moi une meilleure personne, ce qui sous-entend que la personne que je suis maintenant ne convient pas, soit je le désire parce qu'il montre la personne que je suis, sous-entendant que je suis déjà heureux d'être moi.

Jérémy : En d'autres mots, si je prends ce travail pour m'améliorer et devenir une meilleure personne, l'énergie qui me pousse, c'est « je ne suis pas assez ».

Alors que si je choisis ce travail parce qu'il exprime qui je suis, l'énergie qui me pousse est la fierté d'être moi.

Franck : C'est ça. **Soit le moteur est le manque d'amour pour moi, soit le moteur est l'amour que je me porte déjà.** Et ça changera le résultat. Mon métier sera soit épanouissant, soit épuisant et stressant.

Jérémy : En gros, ça revient à dire qu'une fois qu'on a profondément accepté toutes les parties de nous, le reste, c'est un jeu…

Franck : Exactement.

Jérémy : Et là, on peut désirer des millions de choses, mais ce ne sont plus ces choses qui nous rendront heureux.

Franck : C'est ça. Je parlais avec un ami, qui a une belle carrière. Et il avait un peu construit les choses à l'envers, c'est-à-dire, il se disait : « Je vais construire de la notoriété, et des finances, et avec cette sécurité-là, je pourrai enfin me détendre, me relaxer et profiter du cocon de mon foyer. »

Jérémy : Ce qui fait que le cocon de son foyer était toujours soumis à une obligation de réussite ?

Franck : Exact. Alors qu'a l'inverse, s'il crée un foyer chaleureux maintenant, et qu'il obtient tout de suite son état désiré, la carrière devient quelque chose de gratuit, de « sans enjeux ».

Et sa carrière étant dénuée d'enjeux, puisqu'il ne ressent plus le poids de la réussite obligatoire, sa vie devient plus créative, plus libre. Il se permet de déplaire et d'aller dans des endroits inconnus. **Il se permet une liberté de ton qu'il ne pouvait pas se permettre lorsqu'il devait plaire.** Donc, finalement, il renonce…

Jérémy : À plaire ?

Franck : C'est ça. **Finalement, renoncer à l'état désiré et se prendre tel qu'on est en se plaçant à l'endroit où ça pousse pour soi, permet ensuite de désirer librement, sans enjeux.**

Ce ne sont plus des questions de vie ou de mort, ou des questions d'identité. Nous sommes simplement en train de proclamer notre nature. De dire qui nous sommes, de nous exprimer. Et la liberté est redevenue libre. Nous pouvons nous exprimer de mille manières parce que, de toute façon, ce que nous exprimons ne peut pas nous trahir puisque nous sommes d'accord pour nous prendre tel que nous sommes.

Jérémy : Quand tu dis « t'exprimer », pour que ce soit clair, c'est avoir un enfant, faire un travail, t'engager contre la mort des baleines, etc. ?

Franck : C'est ça.

> En bref, si je me prends tel que je suis, tout devient simple et léger.

CHAPITRE 17

J'en suis la preuve

> « *La vie est semée de ces miracles que peuvent toujours espérer les personnes qui aiment.* »
> MARCEL PROUST

Jérémy : Je n'avais pas pris conscience de ces états présent ou désiré, mais je me suis souvent dit, ces dernières années, à quel point ma vie était simple.

Franck : Quand on regarde ta vie, on peut avoir le sentiment que plus tu acceptes d'être Jeremy, en plongeant parfois dans ta noirceur et tes faiblesses, et plus tout devient d'une facilité presque indécente. Les solutions se présentent, on vient à toi, car tu t'es mis à l'endroit où ça pousse.

Jérémy : J'ai donc fait ceci en acceptant tranquillement toutes les parties de moi…

Franck : En fait, en te prenant tel que tu es, tu oses revendiquer ton propre génie, ta propre façon d'être humain et d'entrer en relation avec le monde. **En te** permettant d'être originalement et simplement toi, tu t'es retrouvé, incidemment, sans même faire exprès, à l'endroit où ça pousse pour toi.

Et, aujourd'hui, tu voudrais refuser le succès, tu ne pourrais plus. Maintenant, tu es à l'endroit où ça pousse. Tous les matins, tu te réveilles, et tu n'as plus qu'à ouvrir le courrier pour voir quelles nouvelles occasions tu as d'être encore plus joyeux d'être toi.

Jérémy : Finalement, ça revient encore et toujours à simplement accepter d'être soi.

Franck : C'est ça. Simplement être soi. Quoi d'autre ?

Jérémy : Donc on gagne à être profondément honnête, en apprenant à se regarder avec sincérité.

Franck : Évidemment.

Jérémy : Et ça, c'est quelque chose qui prend du temps.

Franck : Oui, c'est simple à dire et pas simple à vivre parce que **le conditionnement à être une bonne personne est un conditionnement lourd et important.**

On croit choisir alors qu'on obéit. On obéit à ce qu'on a entendu au cours de notre éducation, celle de nos parents, de nos professeurs, et à la force de l'opinion publique.

On ne sait même plus quand nos tripes se révoltent, ou quand elles s'engagent. On ne sait plus vraiment ce qui nous fait du bien ou du mal. **On a abdiqué de nos propres sensations au profit des sensations communément admises.**

Jérémy : Je suis assez d'accord. Je repense à plein de situations dans ma vie où j'ai agi comme un mouton au lieu de suivre mes ressentis.

Franck : On a renoncé à nos choix personnels pour ne plus faire que des choix collectifs. **Nous essayons de ne plus faire de vagues, et c'est ça qui nous rend malheureux.**

> *En bref, je quitte le conditionnement passé pour reprendre mon pouvoir d'être moi.*

Chapitre 18

La peur

> « *Ma vie a été pleine de malheurs terribles dont la plupart ne sont jamais arrivés.* »
>
> Montaigne

Jérémy : Le sentiment de peur est un sentiment que l'on vit tous de temps en temps. As-tu un conseil pour les gens ?

Franck : **Nous pouvons commencer par la ressentir sans vouloir absolument trouver une solution.**

Je n'ai pas envie de faire croire aux gens qu'il y a une méthode pour passer outre. Il n'y en a pas. Respirons notre peur.

En fait, je ne veux pas leur vendre une nouvelle méthode pour croire que la vie peut être vécue de façon sécurisée. La vie est surprenante, et elle peut m'apporter le meilleur et le pire, c'est même la qualité de la vie. **Il n'y a pas de moyen de la maîtriser.**

Jérémy : J'aime ton honnêteté de ne pas vouloir donner une formule toute faite aux gens.

Franck : Le livre qu'on est en train d'écrire tous les deux n'est pas *Méthodes pour vaincre la vie* et *pour dominer la peur*, le livre qu'on écrit, c'est *Accepter de vivre la vie*. Et vivre la vie contient cette posture d'adulte, qui est : « Je sais que la vie, ça fait du bien et ça fait du mal. » C'est les deux.

Jérémy : Ça peut même être les deux en même temps. Regarde, quand on reçoit un enfant, on ressent simultanément de l'amour pour lui et la peur de le perdre.

Franck : Exactement. Et alors, on va faire quoi ? Se rouler par terre ? L'empêcher de faire du vélo ? De grandir ? Puis on va l'empêcher de se marier, de vivre sa vie ? On ne peut pas. On respire la peur, et on vit avec. Et c'est comme ça, en fait, qu'elle ne nous dévore pas. **Mais dès qu'on essaie de lutter contre, de trouver des solutions, elle nous domine.**

Jérémy : Donc la ressentir. Et ensuite ?

Franck : **Je dirais l'exprimer, parce que quand on vit une peur que l'on n'exprime pas, elle gagne en force.**

J'ai rencontré pas mal de gens qui souffraient de maladies graves, voire incurables, qui voulaient ne pas en parler pour ne pas inquiéter leurs proches. Ils se retrouvaient ainsi avec une espèce de peur permanente qui les dévorait de l'intérieur.

Mais lorsqu'ils expriment leur peur de mourir, ou d'être malade, elle s'amenuise. J'ai même le sentiment que plus on la partage, moins elle a de force. **En fait, je pense que la peur se nourrit du silence…**

Jérémy : La peur se nourrit du silence. C'est une belle constatation.

Franck : On le voit notamment chez ceux qui ont vécu des attouchements dans leur enfance. **Tant que ça n'est pas exprimé au-dehors, la peur du bourreau et des conséquences est immense.** Lorsque ça commence à être dit une fois, deux fois, trois fois, cette peur s'amenuise et cette personne a de moins en moins peur de son bourreau et de la situation.

Jérémy : Je t'ai dit il y a quelques mois que j'avais peur de partager la maison ou mon argent avec ma blonde par peur d'être volé…

Franck : Oui, je crois, en fait, qu'il y a pas mal de peurs qui sont comme un signal, un indice, qui nous donnent une direction bénéfique à suivre.

Par exemple, ce dont tu parlais par rapport à ta blonde t'avait amené à comprendre, en fait, que tu avais peur d'être volé, d'être dépouillé. Et cette peur était comme un brouillard. Finalement, quand tu as regardé la situation de plus en plus clairement, **tu t'es rendu compte que c'était comme si tu essayais, à l'avance, de te prémunir contre la douleur de la vie.**

La posture d'adulte, qui est d'accepter d'arrêter de croire qu'on peut se protéger de la vie, nous permet de dire : « Ok, dans ce cas, je vais aller dans ma peur et voir ce qui ressort de ça. »

Jérémy : Et c'est exactement ce que j'ai fait en partageant mon argent et en mettant la maison à nos deux noms. Après ça, je me suis senti soulagé et plus libre, comme si je me faisais un cadeau à moi plus qu'à elle.

Franck : **Finalement, ce qui est formidable chez les humains, c'est qu'on découvre une ressource insoupçonnée lorsqu'on est en train de franchir l'obstacle.**

Jérémy : Effectivement, pour l'avoir expérimenté des dizaines de fois, si on se lève du canapé en se disant : « Tiens, je vais affronter cet obstacle-là », des solutions se mettent à surgir alors qu'elles étaient invisibles du canapé.

On va rencontrer une personne qui va nous dire : « Non, tel endroit est mieux que tel endroit » ou « Tu devrais demander à telle personne que je connais… »

Franck : Exactement. Levons-nous, allons dans la direction de nos peurs et acceptons de les respirer, c'est-à-dire : « Pas de problème, j'ai peur, mais j'y vais quand même. » Et c'est là qu'on va découvrir en soi des ressources jusqu'alors inconnues.

Jérémy : C'est un bel enseignement.

Franck : Tu vois, peut-être que le fait de tout partager avec ta blonde t'a fait découvrir que t'étais quelqu'un d'engagé, alors qu'avant, tu te croyais quelqu'un de fuyant. **T'as découvert des qualités chez toi qui sont nées de ta confrontation avec la peur.**

En bref,
si j'ai peur,
je me permets
de le ressentir,
de l'exprimer et
d'y faire face.

CHAPITRE 19

L'extérieur reflète mon intérieur

> « *La vie est maintenant.*
> *Il n'y a jamais eu de temps*
> *où ta vie n'était pas maintenant,*
> *et il n'y en aura jamais.* »
> ECKHART TOLLE

Jérémy : Tu sais, je me suis souvent posé la question : destin ou choix ? Est-ce que tout est tracé ou est-ce que l'on peut influer sur notre destin ?

Franck : Les choix ne sont pas exactement ce qu'on en pense, c'est-à-dire que ça n'est pas une décision consciente d'aller à gauche ou à droite.

Ce qui a fait que ces voies apparaissent et deviennent des possibles, c'est notre état vibratoire. Une personne qui, tous les jours, se lève en se disant : « La vie est dure, on n'a rien sans rien, il faut souffrir pour être beau » choisira la voie qui correspond à ses attentes.

Et c'est ainsi qu'on peut dire qu'elle crée sa vie, c'est-à-dire qu'elle est simplement en train de choisir la voie qui va lui prouver que la vie est dure, qu'on n'a rien sans rien et qu'il faut souffrir pour être beau.

Jérémy : Si je comprends bien, on vit ce que nous sommes en train de vibrer ?

Franck : C'est ça.

Ce que je suis en train de dire, finalement, c'est que **chaque instant de la vie de cette personne est une prière pour avoir plus que ce qu'elle est en train d'émettre maintenant.**

Jérémy : Comme quand tout va mal et que tout continue d'aller mal…

Franck : C'est exactement ça! Tout le monde connaît ce phénomène de la loi de Murphy : on a l'impression d'être dans une spirale descendante, que la vie est dure et qu'on ne s'en sortira pas. Et, comme par magie, nous sommes en train de choisir tout ce qui est pourri dans notre vie et ça devient une véritable dégringolade.

Jérémy : On connaît tous ça!

Franck : Et de même, en fait, lorsqu'on commence à sentir qu'on est dans une spirale ascendante, tout s'ouvre et se facilite avec la même aisance.

On fonctionne comme ça. **On fonctionne par état vibratoire, c'est-à-dire qu'on choisit notre version de la réalité selon notre état vibratoire.**

Jérémy : Et est-ce qu'on peut changer notre état vibratoire ?

Franck : C'est fortement conseillé ! Plutôt que de nous insurger contre le monde extérieur, en ne faisant que consolider notre état vibratoire, le mieux est de revenir à l'intérieur avec une seule clé : **« Je suis la source de ce que j'observe, le monde n'est pas à l'extérieur de moi, je reviens dedans, car je suis la source. »**

Jérémy : C'est sensé. Tout ce qu'on connaît du monde passe par nos sens. Nous sommes un filtre à réalité. En d'autres mots, **il n'y a pas un monde, il y a le monde tel que nous le percevons à travers nos croyances, notre éducation et notre conditionnement.**

Franck : Et cette simple action de revenir à l'intérieur va nous permettre de choisir quelque chose de nouveau.

Jérémy : Ça veut dire quoi, « revenir à l'intérieur » ?

Franck : Revenir à l'intérieur, ça signifie arrêter de penser que l'extérieur est quelque chose de constant auquel nous devons nous soumettre.

Lorsque nous revenons dedans, ce que nous sommes en train de dire, c'est : « **Ce que j'ai vu au-dehors n'était que le reflet de ce que je suis.** » Donc je me calme, je souffle et je me dis que je dois changer ce qu'il y a dedans pour que dehors reprenne une nouvelle couleur.

Jérémy : C'est vrai qu'il y a des matins où il serait judicieux de se recoucher. On le sent. On se lève de mauvaise humeur et on choisit quelques expériences désagréables comme se taper le petit doigt de pied dans le coin du lit pour se rendre compte qu'il n'y a plus de café et qu'il fait -12 degrés au mois d'avril!

Franck : Tu vois, dans ces cas-là, vaut mieux retourner dedans : tu vas te recoucher, tu dors une demi-heure, tu te relèves et tu reprends. Parce qu'en faisant ça, tu vas choisir une nouvelle couche de réalité.

Jérémy : Et, donc, les gens vont se demander... « Ok, je comprends «aller se recoucher», mais comment je reviens à l'intérieur? »

Franck : Pour moi, en fait, revenir à l'intérieur dans la vie de tous les jours, c'est simplement me dire : « Respire, ce n'est pas réel. » C'est comme si je devais me souvenir de dire : « Attends. Ne t'agite pas dehors, c'est dedans. »

Jérémy : Admettons que la loi de Murphy s'applique, je me cogne le pied, mon chien s'échappe, je reçois une facture inattendue.

Franck : Alors là, très simple. Pour moi, c'est : je hurle ce que j'ai besoin de hurler, c'est-à-dire je ressens l'émotion que ça fait jaillir chez moi.

Jérémy : Arghhh !!!! C'est ma façon d'exprimer la frustration.

Franck : Et quand j'ai hurlé ce que j'avais besoin de hurler, je calme le jeu, je retourne dedans. Retourner dedans, ça veut dire, je n'agis plus et je ne réagis plus.

Jérémy : As-tu un exemple ?

Franck : Il n'y a pas longtemps, je reçois un courriel de mon ex et, je te jure, tu lis le courriel, tu n'as qu'une envie, c'est de l'insulter. Et dans ce moment-là, en fait, je me refuse de réagir. Je sais qu'il ne faut surtout pas que je téléphone ou que j'écrive. Il faut juste que je me calme, que je respire cette colère.

Jérémy : Sinon, tu vas sûrement dire ou faire quelque chose que tu regretteras par la suite ?

Franck : C'est ça. Je vis ce que je suis en train de vivre, mais je ne produis rien à l'extérieur. Je n'essaie pas de changer l'extérieur.

Jérémy : D'accord.

Franck : Quand je dis « revenir à l'intérieur de soi », ça veut dire que **je n'essaie plus de changer la forme du dehors. Elle n'est que le reflet de l'intérieur.**

Jérémy : D'accord.

Franck : Pour te donner une image, peut-être encore plus probante, imagine, en fait, qu'on soit comme dans un cinéma. Il y a une lumière qui passe à travers la bobine que nous sommes et quand la lumière a traversé ta bobine, elle projette sur l'écran une image. Cette image, c'est notre vie, c'est les autres.

Et ce que nous voyons à l'écran est passé par nos filtres.

Jérémy : Ok ! Donc comme ce que nous sommes en train d'observer, ce sont nos croyances et nos conditionnements projetés, **il ne sert à rien d'agir sur l'écran, mais plutôt de changer ce qui est écrit sur la bobine ?**

Franck : C'est ça.

L'EXTÉRIEUR REFLÈTE MON INTÉRIEUR

Jérémy : Si je résume, on vit une situation, on ressent l'émotion, on attend un peu d'être calmé et quand on est prêt, on agit.

Franck : C'est ça. Ressentir, puis agir. Et là, l'extérieur va changer, car on sélectionne une nouvelle version de la réalité.

> *En bref, l'extérieur est le reflet de mon intérieur.*

CHAPITRE 20

Pourquoi on revit la même chose ?

> « *La folie est de faire la même chose, encore et encore, mais en attendant des résultats différents.* »
> **Albert Einstein**

Jérémy : Qu'est-ce qui fait qu'on revit parfois les mêmes choses ? Je te donne un exemple : j'ai une amie qui tombe sur des gars et, chaque fois, elle se fait quitter.

Franck : Si tu veux, dans cet exemple-là, la première étape est d'abord de se rendre compte que si quelque chose devient récurrent dans sa vie, le point commun entre toutes ces choses, c'est elle, et que, d'une certaine façon, **elle est la source consciente ou inconsciente de son propre malheur.**

Jérémy : Ça revient à l'idée de prendre ses responsabilités.

Franck : Exact. Lorsqu'on a compris ça, on peut se rendre compte de l'émotion que ça génère chez soi et la vivre.

Cette femme dont tu me parles pourrait peut-être se rendre compte, par exemple, qu'elle revit cette situation parce qu'à un moment donné, elle a été abandonnée par son père. Dans sa démarche de tomber amoureuse et de rencontrer des hommes aujourd'hui, **elle choisit inconsciemment des hommes qui l'abandonneront probablement afin de ressentir de nouveau l'émotion nécessaire**.

Jérémy : Celle que la petite fille en elle n'a pas fini de pleurer et qu'elle a besoin de ressentir de nouveau pour la digérer ?

Franck : Voilà, c'est ça.

Inconsciemment, elle va se mettre au contact, dans une scène de théâtre parfaitement orchestrée par la vie, d'une nouvelle possibilité pour elle de ressentir **l'abandon de papa**. Si elle accepte de ressentir ça une fois de plus et qu'elle se trouve vraiment à prendre cette émotion de plein fouet, elle va libérer l'énergie bloquée par la petite fille qui n'arrivait pas à traduire cette énergie. Et ce faisant, elle va se libérer et pouvoir passer à d'autres niveaux de relation avec les hommes.

Ce qui bloque

Franck : Le problème qui rend souvent ce phénomène récurrent, c'est que lorsque la vie présente sa fameuse scène de théâtre, avec cet homme qui va l'abandonner, elle se souvient de la violence que ça a été dans son enfance de vivre cet abandon. **Cette femme va donc pleurer le sentiment d'être abandonnée avant même d'être abandonnée** et finalement, ce n'est pas ça qu'elle a besoin de ressentir.

Jérémy : Ce qu'elle a besoin de ressentir pour se libérer, c'est l'abandon, pas la peur d'être abandonnée. C'est ça ?

Franck : C'est ça. Et là, c'est comme si elle décalait un petit peu le sujet, et la vie est obligée de reproduire, dans son amour infini pour elle, cette scène, ô combien difficile à vivre, mais qui est sa solution.

Guérir notre enfant intérieur

Franck : L'idée est vraiment de faire face à l'abandon qui se présente. En ayant le courage d'aller au bout et de pleurer l'abandon plutôt que l'idée d'être abandonnée, elle se permet de réparer l'émotion qui a été cristallisée chez la petite fille, réparant ainsi son enfant intérieur.

Jérémy : Cette femme pourrait comprendre finalement que c'est bien plus important de s'occuper de la petite fille qui pleure encore en elle que d'avoir une relation stable avec un homme.

Franck : Oui, mais on préfère vivre des choses agréables plutôt que de se guérir. Et c'est ainsi qu'on peut être la source de quelque chose de difficile pour soi. **On est capable de se remettre dix fois dans la même situation, même si elle est douloureuse, simplement parce que c'est ce qui va nous permettre de protéger notre enfant intérieur.**

Jérémy : Et comme on n'a pas conscience qu'on agit ainsi, on va revivre les mêmes choses.

Franck : En fait, il n'est pas nécessaire dans la vie de savoir ça parce que la vie est tellement généreuse et ouverte qu'on n'a pas besoin de connaître la règle du jeu pour qu'on puisse se réparer, on voit simplement la scène se présenter à nouveau.

Jérémy : Je ne suis pas d'accord avec toi quand tu dis que ça ne sert à rien de savoir ça. Si quelqu'un lit ça et le comprend pour lui, il va se permettre la prochaine fois de vivre son émotion afin de la décristalliser.

Franck : C'est vrai, tu as raison. **Mais je voulais aussi qu'une personne qui ne lit jamais ou qui n'a** simplement pas envie de croire ça ait les mêmes chances de réparer les parts de soi qui sont blessées.

Je trouve que c'est important que le monde entier ait cette possibilité-là et que ça ne soit pas réservé à ceux qui cherchent.

Jérémy : Effectivement.

Franck : Et donc ce qu'on est en train d'offrir à nos lecteurs, c'est la possibilité de très vite décristalliser l'émotion et passer à autre chose, là où un autre humain, qui ne connaît pas ce phénomène-là, va peut-être mettre dix ans de plus, je te l'accorde, mais finira par obtenir sa résolution.

Si on ne veut pas ressentir l'émotion

Jérémy : Tu ne penses pas qu'il y a des gens qui sont constamment en déni de leurs émotions ?

Franck : Je crois, en fait, que **lorsqu'on est dans notre déni d'émotions, l'émotion se rapproche de nous.**

Pour te donner un exemple, cette femme-là, qui a vécu la sensation de l'abandon, aurait pu la vivre lorsqu'elle regardait Bouba, le petit ourson, à la télé, mais elle s'est dit : « Ce n'est qu'un dessin animé », alors elle ne l'a pas vécue.

La deuxième émotion, en fait, ça a été quand son grand-père est mort, et là, une fois de plus, elle aurait pu ressentir ce que c'était que l'abandon de son propre père, mais elle a dit : « C'est normal, il était vieux ». Elle a rationnalisé, elle a réfléchi et elle a encore calmé l'émotion. Alors l'émotion s'est encore rapprochée un peu.

Et là, en fait, ça a été dans la cour d'école, lorsqu'on a fait les équipes et qu'on ne l'a pas choisie. Elle a ressenti de nouveau cet abandon-là, mais elle s'est dit : « C'est parce que je suis nulle au soccer. » Elle a encore réfléchi, rationnalisé et tenté de ne pas ressentir.

Alors ça a été son petit copain qui l'a abandonnée pour sa meilleure amie, et une fois de plus, elle avait l'occasion de ressentir ce qu'elle avait besoin de ressentir pour guérir la petite fille en elle. À la place, elle a accusé sa copine et ce copain, et elle a atténué son émotion avec sa tête.

Jérémy : Et elle a continué ainsi jusqu'à ce que l'émotion devienne tellement proche et tellement forte qu'elle ne pouvait plus la nier au point d'être obligée de la ressentir ?

Franck : Exactement. C'est pour ça que je pense qu'on n'a pas besoin de connaître le phénomène, car de toute façon **la vie se charge de grossir la situation jusqu'à ce qu'on ne puisse plus l'éviter.**

Jérémy : Penses-tu qu'on peut rester toute notre vie en déni de choses ?

Franck : Mais évidemment ! Et c'est une autre promesse de la vie : tu as la liberté totale d'être en déni toute ta vie si tu le souhaites.

Jérémy : En espérant que ces mots aideront les gens à prendre conscience de ce phénomène qui peut grandement les aider…

Franck : Exactement. Sinon, on ne ferait pas ce livre.

Mais je voulais aussi quand même bien préciser les choses. Car **ce phénomène-là est quelque chose qui s'applique malgré soi.** Ça n'est pas réservé aux élus qui connaissent la règle.

Jérémy : C'est agréable de savoir que tout le monde a la même chance dans la vie, car même si on n'a pas appris à ressentir les émotions, la vie se charge de nous les faire ressentir.

En bref, vivre mes émotions me permet de guérir mon passé.

Chapitre 21

Je suis une raison suffisante de vivre pour moi-même

> « Coupe ton propre bois,
> il te réchauffera deux fois plus. »
> HENRY FORD

Jérémy : Je suis à un moment de ma carrière où j'ai une certaine réussite et j'ai cette peur que tout s'arrête. J'aimerais trouver cette espèce de confiance que tout ira bien.

Franck : La première chose à comprendre, c'est que chaque personne vivant ce type d'insécurité se met à chercher des garanties.

Jérémy : Oui.

Franck : Les garanties, ça peut être : j'ai une maison, c'est une sorte de garantie que je ne pourrai jamais vivre dehors. Je suis marié, c'est une sorte de garantie que je serai encore aimé demain. J'ai une assurance santé, c'est une sorte de garantie que je serai soigné demain.

On remarque que ces garanties ont quelque chose de rassurant et, en même temps pas du tout, parce **qu'on sait parfaitement que, malgré toutes ces assurances et malgré toutes ces garanties, la vie a toujours la capacité de nous faucher en plein vol**. On sait parfaitement qu'on ne peut pas se protéger de la douleur, de la souffrance ou des deuils.

Jérémy : J'ai vu chez moi que j'ai ce besoin de réussir, car j'ai enregistré que si je réussis, je deviens quelqu'un. Et si j'ai ce besoin de devenir quelqu'un, c'est parce qu'au fond, j'ai la peur d'être rien.

Franck : Je crois que ce n'est que lorsqu'on se permet d'accepter l'idée de n'être plus rien, et donc de devenir seulement sa propre source d'amour, qu'on se retrouve en sécurité.

Pour répondre plus clairement à ta question, **Jeremy peut accepter de n'être plus rien lorsque Jeremy accepte d'être la seule source d'amour de Jeremy.** Si toi, en fait, d'un seul coup, t'étais capable de dire : « Je peux perdre l'amour du monde entier, mais je ne perdrai pas mon amour pour moi, je serai toujours présent pour moi, je serai solide avec moi », t'aurais **la meilleure garantie possible sur la vie.**

Nos conditionnements

Jérémy : J'ai grandi avec des parents qui m'ont encouragé et motivé à devenir « quelqu'un ». J'ai grandi aussi avec toute cette génération « d'image » et cette course insensée de « J'aime » sur *Instagram* et *Facebook* pour se faire aimer par ce qu'on dit et ce qu'on fait.

Franck : Oui.

Jérémy : Est-ce que c'est possible de quitter ce conditionnement-là en un claquement de doigts ou c'est un processus ?

Franck : En fait, je pense que l'idée n'est pas de jouer les *guerriers* et de quitter le conditionnement, mais de **construire, jour après jour, son amour de soi.** Je peux construire une relation avec moi qui soit suffisamment honnête, sincère et belle pour que, si je perdais les autres, celle-ci constituerait encore une raison de vivre. **J'aimerais, en fait, que Jeremy soit une bonne raison de vivre pour Jeremy.**

Jérémy : Oui, je comprends très bien l'idée.

Franck : Par conséquent, ça n'est pas : « Ma raison de vivre, c'est mes enfants, ne pas blesser les autres ou avoir du succès », mais « Je suis une raison suffisante de vivre pour moi-même. »

Jérémy : Et comment j'arrive là ?

Franck : Pour arriver à cet endroit-là, si on clarifie, on est en train de parler de comment s'accepter soi-même…

Jérémy : Ouais.

Franck : Moi, j'ai remarqué que chaque fois que j'obtenais de l'amour de l'extérieur, ça me donnait un sentiment d'être aimé, mais que ce sentiment était éphémère et qu'il fallait que je retourne vers l'extérieur séduire à nouveau le monde pour obtenir encore un peu de cette énergie-là. Il fallait que je continue d'être une bonne personne pour obtenir un peu de cette énergie-là et démontrer ma fiabilité, ma sincérité, mon engagement, pour obtenir en retour un peu d'approbation, donc un peu d'amour.

Être ce que je veux être

Franck : J'ai remarqué que lorsque je me mettais à être la personne que j'avais vraiment envie d'être, c'est-à-dire à parler, à penser et à agir comme la personne que j'avais vraiment envie d'être, je construisais un rapport avec moi qui remplissait ma jauge d'amour à l'intérieur. Et ça me permettait de me débarrasser du besoin systématique d'approbation de l'extérieur.

Jérémy : En effet, on peut tous ressentir que tout cet amour qui se construit par le choix délibéré de parler, de penser et d'agir comme on veut est mille fois plus solide et réel que le faux amour que l'autre me donne lorsque je calque mon attitude sur ses attentes.

L'exemple de Jacques Brel

Jérémy : Ce matin, on parlait de Jacques Brel, et tu me disais : « Il y a quelque chose que j'envie chez lui. »

Franck : Oui, je parlais de sa non-humilité.

Jérémy : Chaque fois qu'il parlait en public, il exprimait juste ce qu'il avait envie d'exprimer. Il y a quelque chose là-dedans que tu envies parce que tu aimerais faire pareil, finalement ?

Franck : Oui. Ce que j'envie chez lui, et je le répète, c'est sa non-humilité. Attention de ne pas confondre la non-humilité et l'orgueil. **Je crois que les gens qui font un effort d'humilité le font pour cacher leur orgueil.**

Jérémy : J'adore cette phrase : « Les gens qui font un effort d'humilité le font pour cacher leur orgueil. » Ça me rappelle un jour où j'ai rencontré un artiste connu. Je lui ai exprimé le fait que je ne le connaissais pas. À quoi il a répondu : « En toute humilité, sur quelle planète tu vis pour ne pas me connaître ! »

C'est là où on voit que quand on emploie le mot « humilité », tout ce qui suit est tout sauf humble!

Franck : Exact. Pour revenir à Brel, ce que je trouve magnifique chez lui, c'est qu'il n'a pas besoin de faire d'efforts d'humilité parce qu'il n'a pas d'orgueil à cacher. **Il a la simple prétention de pouvoir exprimer qui il est naturellement**. Il exprime son monde et il ne fait pas un travail de prédicateur, ou de messie, il fait juste acte de poésie, c'est-à-dire qu'il exprime simplement le monde tel qu'il le regarde.

En bref, je construis mon amour pour moi jour après jour.

CHAPITRE 22

Le courage d'être vulnérable

> « *Il vaut mieux être détesté pour ce que tu es que d'être aimé pour ce que tu n'es pas.* »
> ANDRÉ GIDE

Jérémy : Franck, est-ce que tu peux me résumer ce qu'on vient de dire par rapport à s'aimer ?

Franck : Bien sûr. Lorsqu'on se met à agir en fonction des attentes des autres en étant le bon fils, le bon mari, le bon employé, et qu'on abdique devant notre propre vérité en étant simplement comme il faut aux yeux des autres, on obtient leur approbation. Et cette approbation est un sucre rapide.

Mais lorsqu'on transgresse la peur de déplaire et qu'on ose agir en fonction de nos attentes à propos de nous, c'est-à-dire en n'étant pas le bon fils, ni le bon collègue, ni le bon chum mais en étant simplement soi, nous créons une véritable construction de la relation d'amour entre nous et nous.

Être soi reste la clé

Jérémy : Tu vois, il y a quelque chose qui me touche beaucoup dans ce que tu dis. Il m'arrive d'être sur scène et d'avoir dans la salle des amis, de la famille ou des gens de mon milieu à qui je veux plaire.

Franck : Oui.

Jérémy : Et on dirait que ça reste dans ma tête tout au long du show. Je me dis : « J'espère que cette personne va aimer. » Que ce soit des gens que j'aime ou des gens du milieu qui pourraient éventuellement m'apporter quelque chose, tu vois ?

Franck : Oui.

Jérémy : Alors après ce que tu viens de dire, admettons que je suis sur scène et que j'ai envie de faire l'exercice. Est-ce que je peux me dire « ils sont là, qu'ils aiment ou qu'ils n'aiment pas, tant pis, moi je fais ce que j'ai à faire » ?

Franck : C'est important ce que tu es en train de dire, parce qu'on se méprend sur les attentes de nos parents et de nos amis. Finalement, nos amis ou nos parents n'attendent pas qu'on agisse en fonction d'eux, c'est nous qui pensons ça.

En fait, ce qui rend un humain extrêmement attractif, c'est un humain qui est sur ses propres appuis, c'est-à-dire qui est en train d'être lui-même.

Plus tu vas être sur scène dans le courage d'être profondément toi et sincèrement toi, plus tu vas devenir extrêmement attractif. Il sera impossible de ne pas aimer.

Mais dès que tu vas faire un effort de séduction, tu vas à nouveau rentrer dans la balance qui fait que tu vas être parfois aimé, parfois détesté.

J'ai remarqué qu'une personne qui est sincèrement elle devient naturellement attractive, qui qu'elle soit.

Jérémy : Peu importe qui ?

Franck : **Que tu sois Gandhi ou Trump, si tu es en train d'exprimer ce que tu es profondément, ça te rend attractif.** D'ailleurs, je suis persuadé que Trump sera réélu parce qu'il devient extrêmement attractif, non pas en fonction de ce qu'il dit, parce que personne n'écoute ce qu'on dit, mais en fonction de ce qu'il est, car les gens écoutent ce qu'on est.

Jérémy : Je trouve cette phrase tellement puissante : **Les gens n'écoutent pas ce qu'on dit, ils écoutent ce qu'on est.**

Franck : C'est ça. Et Trump, il est ce qu'il est. Et, quoi qu'il dise, il est attractif, il aimante.

Jérémy : Parce qu'il est profondément sincère avec ce qu'il est.

Franck : Parce qu'il est honnêtement, profondément, le con qu'il exprime.

Permettre aux autres d'être ce qu'ils sont

Franck : Ce que souhaitent notre famille et nos amis au plus profond de leur cœur, c'est que nous ayons le courage sincère d'être nous, car lorsqu'ils vont nous voir le faire, ils vont en conclure qu'ils peuvent le faire eux aussi.

Jérémy : C'est ça l'effet qu'on produit tous les uns sur les autres.

Franck : Oui. Les gens attendent des autres qu'ils osent être eux-mêmes, profondément eux-mêmes, parce que **c'est comme s'ils attendaient ça pour se donner eux-mêmes l'autorisation d'être eux.** En étant toi-même, en te débarrassant du besoin de les séduire, tu leur donnes l'autorisation d'être eux-mêmes.

Comment l'appliquer

Jérémy : Admettons que je suis sur scène et que je me dis : « Ah! j'ai envie de plaire à quelqu'un ! » Est-ce que c'est un bon endroit pour revenir à moi, ou c'est parce que je serai revenu à moi avant que je n'aurai plus cette pensée sur scène ?

Franck : Alors, pour moi, j'ai une technique que j'applique dans ma vie et je doute qu'elle soit applicable pendant un spectacle.

Jérémy : D'accord.

Franck : Mettons que je me vois dans une situation où je suis en train de séduire mon auditoire parce que je n'ose pas être moi et que je veux lui donner ce qu'il attend de moi. J'ai remarqué que j'avais un immense retour d'énergie et d'amour lorsque, devant les gens, à moment-là, je leur disais ce qui était en train de se passer en moi. C'est-à-dire lorsque je leur disais : « **En fait, je vous dis ça parce que j'ai envie de votre approbation et de votre amour, mais ce que je veux réellement dire, c'est ça.** »

Jérémy : Ahhh...

Franck : Et ça, c'est d'une puissance phénoménale !

Jérémy : Oui, ça peut se faire dans n'importe quelle situation, et je pense que peu importe notre métier, on peut le faire.

Franck : Exactement. C'est superpuissant.

Jérémy : Être profondément honnête dans le moment, finalement.

Franck : C'est ça. Tu sais, ça me rappelle le moment qu'on a vécu quand on était au restaurant et qu'on avait ce serveur très musclé.

Jérémy : (Rire) Oui. Je m'en souviens très bien ! Il faisait 6 pi 5 po, 250 livres et il est venu nous demander : « Vous avez choisi ? » avec une petite voix aigüe. On s'est mis à rire automatiquement, c'était plus fort que nous.

Franck : Et à ce moment-là, notre première tentative a été d'entrer dans son monde, en disant ce qu'il faut dire pour ne pas le blesser. Ainsi, on a menti en disant qu'on venait de se raconter une blague.

Jérémy : Oui et c'est là qu'on s'est pris en flagrant délit de tricher et on a dit : « Non, excuse-nous. On est en train de tricher, ce qui nous a réellement fait rire, c'est le décalage entre ta carrure et ta voix. »

Franck : Et là, en fait, de nous prendre en flagrant délit d'être en train de mentir et de tricher pour ne pas le blesser ou pour obtenir son approbation, **on a créé une situation d'amour**.

Jérémy : Oui, et ceci tout simplement en faisant ce travail de nous démasquer dans l'instant.

Franck : Immédiatement, on a eu son approbation et nous, en fait, **on a eu la joie d'avoir été vraiment les personnes qu'on aime être**. Parce qu'au fond, on n'aimait pas être ces menteurs. On préférait oser montrer notre moquerie, et donc un mauvais côté de nous, mais être sincères.

Jérémy : Dans cet instant-là, il y a eu un bénéfice pour tous, car on a touché la profonde authenticité entre nous.

Franck : C'est ça. J'ai une autre anecdote à ce propos.

Jérémy : Je t'en prie.

Franck : Un jour, je me retrouve dans un stage et je suis dans une situation vraiment insécure parce que je sens que je doute de moi, j'ai l'impression que je ne vais pas y arriver. Tu sais, au début, ce n'était pas si facile que ça. Aujourd'hui, c'est tellement facile pour moi qu'on a l'impression que ça a toujours été comme ça, mais non.

Bref, j'avais peur de ne pas avoir la bonne information, de ne pas pouvoir vraiment aider les gens ou de ne pas pouvoir faire ce que j'avais dit que j'allais faire.

Jérémy : La peur d'être un usurpateur ?

Franck : C'est ça, combiné avec la peur de ne pas y arriver. Et je me souviens de ce jour particulier où dans un groupe, je commençais à être en train de tricher avec eux. Je leur disais ce qu'ils voulaient entendre pour qu'ils me valident et je n'étais pas content de la situation. Alors j'ai arrêté le stage d'un coup et j'ai dit : « Excusez-moi, mais là ça fait une demi-heure que je suis en train de dire des simili-vérités spirituelles pour vous plaire, alors qu'à l'intérieur de moi, j'ai peur de vous déplaire et que j'ai le sentiment d'être un tricheur. » Je me suis donc démasqué devant le groupe. J'ai alors reçu une approbation, un amour, un élan de sincérité du groupe qui m'a sidéré.

Jérémy : Tu leur mentais par peur de leur déplaire ?

Franck : Je leur mentais, car j'avais peur des gens et cette peur gâchait les moments passés avec eux. **Alors qu'en transgressant ma peur d'eux et en leur disant sincèrement qui j'étais, j'ai obtenu immédiatement un retour d'amour.** J'ai senti, à ce moment-là, que les gens ne veulent pas que je sois fort, ou compétent, ils veulent que je sois vraiment moi.

J'ai donc compris que chaque fois que j'osais me démasquer devant mes parents, mes amis, ou devant un groupe, j'obtenais un retour d'amour phénoménal, qui était, en fait, le retour que j'avais de leur avoir fait confiance.

Pourquoi nous cachons-nous ?

Jérémy : Au fond, la vraie question est pourquoi trichons-nous avec les autres ?

Franck : Je ne sais pas pour tout le monde, mais personnellement, c'est parce que je pensais les gens incapables de tendre la main et d'être aimants. En fait, en trichant avec les autres, c'est-à-dire en vendant une belle image, on leur retire la capacité de nous aimer tel qu'on est.

On est en train de dire : « Les gens ne sont pas assez aimants pour m'aimer lorsque je suis blessé, lorsque je ne suis pas fort ou lorsque je suis vulnérable. » Et c'est là, en fait, qu'on retire la capacité aux autres de nous aimer.

Jérémy : Et après, on est étonnés de ne pas se sentir aimé...

Démasquons-nous !

Franck : Faisons l'expérience, démasquons-nous devant les gens, mettons-nous à nu devant eux et on verra que personne ne nous tire une flèche ou nous agresse. Quand on se met à nu et que l'on montre notre vulnérabilité, les gens nous soutiennent. Ils sont là, ils sont doux, et ils sont vraiment présents. Moi, c'est ça que ça m'a appris. Avant, je me méfiais des gens. Maintenant, j'ai compris que **plus on ouvre notre cœur aux gens, plus ils en prennent soin.**

C'est grâce aux autres qu'on devient nous

Jérémy : En fait, c'est grâce aux gens que l'on peut devenir nous ?

Franck : Les gens nous offrent une possibilité, chaque fois renouvelée, de choisir la personne que l'on a vraiment envie d'être. Et quand, au lieu d'agir en fonction de ce qu'on croit qu'ils sont, **on agit en fonction de qui on a envie d'être**, on arrête de prendre les gens pour des cons, ou des méchants, et **on leur permet de nous prendre comme on est.**

Jérémy : Finalement, c'est parce qu'on a peur d'être rejeté qu'on ne s'exprime pas réellement comme on pense. C'est parce qu'on a peur d'être écrasé qu'on ne dit pas vraiment ce qu'on ressent.

Franck : Oui, tu as raison, et j'ai remarqué que c'est le contraire qui se passe. **Mets-toi à nu devant les gens et ils prendront soin de toi comme d'un nouveau-né.**

Je peux t'en donner la preuve. Imaginons que tu sois dans une situation où quelqu'un vient te voir. Devant toi, il perd un peu de ses moyens, balbutie et ne se sent pas en confiance. Vas-tu profiter de cette brèche pour te moquer et pour le repousser ?

Jérémy : Bien sûr que non.

Franck : Non. Alors pourquoi les gens le feraient avec toi ?

D'où nous vient cette croyance-là ? Pourquoi nous on sait qu'on serait capables de tendre la main à quelqu'un qui est fragile et pourquoi prêterions-nous au monde des intentions que nous n'avons pas ?

Jérémy : Je pense que ça vient d'un conditionnement qui dit qu'il faut être beau, fort et gentil pour être aimé.

Franck : Alors que non ! C'est quand on est nous qu'on est aimés. Comme on l'a dit un peu plus tôt, on devient attractifs, non pas en fonction de ce qu'on dit, mais de ce qu'on est.

Jérémy : Et ça, on ne peut le faire qu'en fonction des autres et de comment on se sent vis-à-vis d'eux. **Finalement, c'est grâce aux autres qu'on devient soi.**

On peut le faire seul aussi

Jérémy : Est-ce que seul, il y a quelque chose qu'on peut faire pour aller de plus en plus vers soi ?

Franck : Oui. Tout à fait. Quand j'avais vingt-deux ou vingt-trois ans, **j'ai fait un contrat avec moi où je me suis promis de ne plus me mentir**. Et que quand je me mentirais, au moins, je le saurais.

Jérémy : Comment tu le sais quand tu te mens ?

Franck : Ma technique est simple, je me pose la question dedans, et j'ai une interdiction de me trahir.

Je me dis : « Est-ce que je me raconte une histoire ? » et, immédiatement, il y a un sentiment qui monte et c'est la vérité. **Je peux mentir au monde entier, mais je n'ai pas le droit de me mentir et je n'ai pas le droit de me trahir, moi.**

Le contrat que j'ai entre moi et moi est plus puissant que n'importe quel autre contrat.

Jérémy : Tu t'es assis, un jour, et tu as dit : « Maintenant, je ne mentirai plus jamais à Franck » ?

Franck : C'est ça. Je ne lâcherai plus Franck, je ne lui mentirai plus et je ne le trahirai pas.

Jérémy : Donc, souvent, quand tu te demandes : « Est-ce que je me mens ? », si la réponse est oui, tu te demandes pourquoi tu te mens, et soit tu l'exprimes, soit tu ne l'exprimes pas…

Franck : Exact. J'ai encore le droit de mentir au monde si j'en ai besoin, mais pas à moi. C'est-à-dire que quand je mens, je veux le savoir.

Jérémy : Une sorte de contrat d'honnêteté et d'amour pour toi. Et si tu apprends à ne plus te mentir à toi, éventuellement, tu apprends à ne plus mentir aux autres ?

Franck : C'est ça. Et, en fait, si je mens aux autres, moi je le sais.

Jérémy : Tu le fais, mais tu le sais. Tu es honnête avec toi.

Franck : C'est ça. Ainsi, je ne suis pas perdu.

> En bref,
> j'ai le courage
> d'être vulnérable.

CHAPITRE 23

L'égoïsme est la clé de l'altruisme

> « À un moment, tu dois faire ce qui est bon pour toi, et non ce qui est bon pour les autres. »
>
> **MALEK BENSAFIA**

Jérémy : Pourrais-tu me faire une sorte de résumé de ce qu'on vient de dire ?

Franck : En fait, quand on se permet d'être tel que nous sommes, on donne un espace à l'autre pour se choisir d'une nouvelle manière.

Si on s'autorise d'être d'une nouvelle façon, en osant non plus convaincre, plaire et séduire, mais simplement en étant nous, nous libérons l'autre, car nous lui donnons la possibilité de se voir d'une nouvelle façon.

Si on avait à résumer très brièvement, je dirais : **En me choisissant, je donne la possibilité à l'autre de se choisir.**

Jérémy : C'est pour ça que tu dis souvent : « L'égoïsme est la clé de l'altruisme » ?

Franck : Exactement.

Jérémy : On nous a appris à penser aux autres avant de penser à soi.

Franck : **C'est une posture judéo-chrétienne, car même lorsqu'on est en train de s'occuper des gens, on est en train de s'occuper de notre image de saint ou de sainte.**

Jérémy : Oui, pour continuer de se faire aimer…

Franck : Exactement. Derrière la phrase : « L'égoïsme est la clé de l'altruisme », il y a une idée simple. Si on imagine le règne humain comme une plage et que chaque humain est un grain de sable, **si chaque grain s'occupe de lui, la plage ira très vite mieux.**

Si chacun cessait de s'occuper du voisin et prenait le temps d'être la personne qu'il a réellement envie d'être, en se mettant à manger les choses qu'il veut vraiment manger, à penser les choses qu'il a envie de penser et à agir en posant les gestes qu'il a envie de poser, tout irait mieux.

Jérémy : On pourrait aussi dire : « **Être moi, c'est jouer ma note.** » Un peu comme si l'humanité entière était une symphonie et que si chacun jouait sa note, la symphonie serait plus juste.

En bref, l'égoïsme est la clé de l'altruisme.

CHAPITRE 24

Quand mes défauts deviennent des atouts

> *« Le pire des défauts est de les ignorer. »*
> **PUBLIUS SYRUS**

Jérémy : Il y a une phrase qui dit quelque chose comme : « Les défauts sont des qualités cachées. »

Franck : Je crois que les défauts sont des défauts tant qu'ils ne sont pas reconnus par celui qui les porte. **Lorsqu'ils sont reconnus, les défauts se transforment en qualités.**

Un défaut reconnu devient un atout

Jérémy : Comment un défaut se transforme en qualité ?

Franck : Les défauts et les qualités sont les deux faces d'une même pièce. Lorsque j'ai un défaut et que ce défaut, je ne veux pas le reconnaître, c'est effectivement un défaut qui agit de manière perverse en sous-jacent. Lorsque je le reconnais, il peut devenir un atout.

On le voit, par exemple, d'une manière limpide chez certains artistes qui mettent de l'orgueil dans leur désir de plaire et de séduire.

Jérémy : Peux-tu développer ?

Franck : Un artiste qui ne reconnaît pas son orgueil et qui cherche à ne pas être orgueilleux fait une démonstration d'humilité pour cacher son orgueil, et son orgueil, en fait, devient sous-jacent.

Jérémy : Comme l'exemple que je t'ai donné plus tôt.

Franck : Exact. On ne sait pas exactement ce qui nous gêne, mais on sent qu'il y a quelque chose de caché, d'insidieux, de pas clair qui rend cette personne plus ou moins désagréable.

Si cette personne reconnaît son orgueil et se reconnaît le droit d'être orgueilleuse, simplement le droit de s'aimer et d'avoir le droit de jouir de son amour pour lui, cet orgueil se transforme en magnétisme.

Jérémy : Ah! oui ?

Franck : **Quelqu'un qui a un désir de pouvoir qui est caché devient insidieux et manipulateur, mais**

quelqu'un qui a un désir de pouvoir reconnu devient magnifique, attractif et magnétique.

Jérémy : Quand on parle de pouvoir de séduction, naturellement je pense au pouvoir féminin…

Franck : Une femme splendide, magnifique, avec un immense pouvoir de séduction, qui écrase ça comme si c'était un défaut et qu'elle se sentait sale d'être superficielle ou sale d'être jolie, ça va créer quelque chose d'insidieux, c'est-à-dire qu'on va dire d'elle qu'elle est distante, hautaine ou froide, et ça devient donc un défaut. **Si elle le reconnaît, ça devient magnifique et irradiant…**

Jérémy : Donc si elle reconnaît qu'elle est belle ?

Franck : C'est ça. **Si elle reconnaît le plaisir qu'elle a de séduire, elle devient séduisante. Si elle ne le reconnaît pas, elle devient séductrice.** Tu comprends l'idée ?

Jérémy : Oui.

Franck : En résumé, **lorsque je reconnais un défaut, que je l'accepte et que je le respire à pleins poumons, il peut devenir une magnifique qualité.**

Jérémy : Ok, je comprends.

Franck : Je pense qu'il n'y a pas de qualités ou de défauts. En fait, Il n'y a que les choses que l'on s'interdit d'être qui deviennent sombres. Et les choses que l'on s'autorise à être deviennent splendides.

En bref, j'accepte mes défauts pour en faire des qualités.

Chapitre 25

Reflet d'humanité

> « Être un homme, c'est bien.
> Mais il y a encore mieux : être humain! »
>
> **Jules Romain**

Jérémy : Pour faire suite au chapitre précédent, et pour nous aider à nous voir, j'aimerais qu'on développe une idée dont on a souvent parlé ensemble qui est « le principe des bulles ».

Quand deux bulles de savon se collent l'une à l'autre, la paroi commune est la paroi qu'elles ont en commun.

C'est la même chose chez nous. **Quand on rencontre un autre être humain, tout ce qu'on voit chez lui, on l'a chez nous.**

Franck : C'est ça oui. Sauf qu'il est important de spécifier que **tout ce qu'on voit chez l'autre, ce n'est pas forcément ce qu'il est, mais bien ce que je comprends de lui.**

La façon qu'a ta blonde de te voir est complètement différente de celle de ton *supérieur* ou même de ta mère.

Donc, une fois de plus, ce n'est pas ce que tu es, mais bel et bien ce que je comprends de toi qui forme la « paroi » commune. Et effectivement, tout ce que je peux voir de toi, c'est ce que j'ai aussi.

Jérémy : C'est génial ce principe !

Franck : C'est génial, et en même temps, ce n'est pas facile à digérer. **Parfois, ce qu'on voit chez l'autre est tellement désagréable qu'il devient impossible de faire l'effort de se reconnaître comme tel.**

Jérémy : Ah ! oui.

Franck : Si tu rencontres quelqu'un qui a une attitude raciste, tu n'arrives pas à le voir chez toi.

Jérémy : Que recommandes-tu dans ces cas ?

Franck : Je conseille de procéder par étapes, c'est-à-dire de d'abord regarder ce que je suis en train d'observer chez l'autre, et ça nécessite de l'honnêteté.

La deuxième étape, c'est de me voir en train d'agir comme l'autre, mais à un autre moment de ma vie.

Jérémy : As-tu un exemple ?

Franck : Lorsque je parle à un Noir, je lui parle avec plus de gentillesse qu'à un Blanc. Quand j'ai remarqué que je faisais ça, je me suis dit : « Mais pourquoi je suis toujours plus gentil avec les Noirs qu'avec les Blancs ? » J'ai réalisé que c'est parce que je m'excuse d'être Blanc. Parce qu'au fond, il y a deux choses. Une part de moi croit que je suis mieux que lui et une autre part a honte du traitement qui leur est réservé. Alors j'essaie de me rattraper, de compenser le fait que je me crois différent de lui.

Jérémy : Ah! oui, Ok.

Franck : Et j'ai remarqué que je ne me m'adressais pas de la même façon aux uns et aux autres. Et c'était là que se cachait une attitude raciste.

Avant, je croyais le monde binaire. Soit j'étais raciste, soit je ne l'étais pas. Étant petit fils d'Algérien, je n'avais jamais pu m'imaginer raciste. C'est grâce aux autres que je me suis rendu compte que je pouvais également avoir des attitudes racistes.

Ce n'est pas au moment où je suis en train de l'apercevoir chez l'autre que je peux le voir chez moi, c'est à d'autres moments où je vais me voir agir de la sorte.

Jérémy : Comme si tu avais besoin de te prendre en flagrant délit pour te dire : « Ah! voilà! Je viens de me voir agir de telle ou telle façon. »

Franck : C'est ça.

Les 3 H : honnêteté, humour et humanité

Jérémy : En résumé, **la première étape est de reconnaitre que ce que je vois chez l'autre est sûrement chez moi.** La deuxième étape, c'est de me voir agir comme l'autre, à un autre moment.

Franck : Exact. La première nécessite de l'honnêteté pour voir ce que je vois, la deuxième nécessite de l'humour pour voir que je l'ai aussi.

Et ce qui va me permettre de digérer tout ça, c'est-à-dire d'accepter d'être comme ça, c'est le troisième H, l'humanité.

Notre humanité

Franck : Pourquoi je parle d'humanité ? C'est parce que tout ce qu'on observe chez les autres qui nous fait réagir et qui parfois nous donne une envie de les rejeter n'est qu'une attitude humaine.

Si on voit une personne qui se vante, pourquoi elle se vante ? Parce qu'elle a peur de ne pas être aimée. Et pourquoi elle a peur de ne pas être aimée ? Parce qu'au fond, elle veut l'affection de son père. **Ça c'est digne d'amour, je peux l'aimer.**

On voit une autre personne qui est avare. Pourquoi agit-elle ainsi ? Peut-être a-t-elle simplement peur qu'on lui vole sa sécurité. Au fond, elle veut protéger sa vie et son bonheur, car elle est inquiète de l'avenir. Ça aussi c'est digne d'amour, je peux l'aimer.

Jérémy : Finalement, derrière chaque attitude que je vois chez l'autre, il y a de l'humanité ?

Franck : Oui, et si au lieu de qualifier ce qu'il est en train de faire, en bien ou en mal, j'allais chercher chez l'autre ce qui est humain dans son attitude, **j'aurais de la facilité à comprendre pourquoi je fais la même chose et je pourrais plus facilement l'accepter.**

Comment le voir chez nous ?

Jérémy : Comment pouvons-nous développer notre capacité de voir ce qu'il y a en dessous d'une attitude que l'on remarque ?

Franck : En réalisant que ce qui bloque notre honnêteté, c'est le désir de se voir uniquement comme des belles personnes. **Penser que l'autre a le défaut nous place du côté de celui qui a les qualités.**

Jérémy : Oui, car lorsqu'on qualifie un autre de méchant, ça nous place dans la position du gentil.

Franck : Oui, mais ce que ça signifie, c'est que chaque fois que je ressens le besoin de me sentir bien ou de m'aimer, il faut que j'écrase un autre. Chaque fois que j'ai besoin de me sentir une grande personne, il faut que j'en désigne une petite.

Jérémy : En fait, lorsque je vois l'autre avoir une attitude qui me dérange, je peux, avec honnêteté, comprendre que son attitude est posée sur quelque chose de tout à fait humain. **Il est en train d'essayer de protéger ce qu'il est, il a peur de demain et il a peur de ne pas être aimé.**

Franck : Exactement. Et c'est ce qui habite la plupart d'entre nous.

> *En bref, ce que je vois chez l'autre, je l'ai chez moi.*

Chapitre 26

Pourquoi nos parents nous énervent ?

> « *Si tu désires être aimé, aime.* »
> Lucius Annaeus Seneca

Jérémy : Pour faire suite au chapitre précédent, on peut dire qu'une bonne façon de nous voir est de regarder nos parents. Contrairement à ce que nombre d'entre nous peuvent penser, nous avons beaucoup en commun avec eux, simplement parce que nous avons grandi en les regardant et en les imitant.

Pourtant, il arrive souvent que nous regardions nos parents agir de façon un peu agacée. Comment ça se fait selon toi ?

Franck : **Il y a quelque chose en nous qui sait déjà à quel point nous leur ressemblons, et nous sommes presque agacés d'avoir déjà copié leur système sans avoir fait mieux.** Et surtout, il y a quelque chose en nous qui redoute d'être comme eux.

Jérémy : Est-ce la source de la plupart de nos conflits avec nos parents ?

Franck : Je crois que la plupart des conflits entre les parents et les enfants naissent tout simplement de **notre impuissance à rendre l'autre heureux.**

Ce qui nous agace chez nos parents, c'est qu'on n'a pas la recette miracle pour leur redonner le goût de vivre, de rire, de danser et d'être légers. Et cette impuissance que l'on a à rendre les nôtres heureux nous donne ce sentiment d'énervement.

Jérémy : Est-ce la même chose pour nos amis, nos conjoints et nos collègues ?

Franck : Oui. Alors que tout ce qu'on peut faire pour l'autre, c'est être heureux. **Il n'y a pas d'autre moyen de libérer un être humain que de se libérer devant lui.**

Jérémy : Je veux juste revenir sur un truc. Tu dis qu'on est comme nos parents… J'ai le sentiment que plusieurs de nos lecteurs vont lire ça et dire : « Non, moi, je ne suis pas comme mes parents, je suis l'opposé. » Qu'est-ce que tu réponds à ça ?

Franck : Je les renvoie aux bulles de savon dont on a parlé au chapitre 25. Ce que tu comprends d'eux t'appartient.

Derrière les coups

Franck : Tu peux te voir, à un autre moment, agir comme eux et ensuite digérer tout ça en comprenant que tes parents sont simplement humains. Derrière chacune de leurs attitudes, il y a le désir de ton bonheur. **Même parfois derrière les coups, il y a simplement leurs doutes à propos d'eux-mêmes en tant que parents.**

Jérémy : Tu touches un gros morceau là... même derrière les coups? Tu veux dire derrière un père ou une mère qui te bat?

Franck : J'ai remarqué que, la plupart du temps, derrière les coups, il y a : « Je vais dresser l'autre pour que la vie ne lui fasse plus mal. »

En gros, souvent, ce sont les parents qui ont enregistré une grande violence dans leur vie et qui se disent de façon consciente ou inconsciente : « Si la vie doit être violente avec mon enfant, je souhaite que ça vienne de moi parce que moi je sais comment être violent avec mon enfant. Je vais l'endurcir, je vais le dresser pour qu'il soit armé face à la vie. »

C'est simplement quelqu'un qui a enregistré la vie d'une manière tellement violente qu'elle reproduit cette violence, mais dans un désir sous-jacent de protéger l'enfant.

Jérémy : J'imagine que ça doit être dur à comprendre quand on le vit ou quand on en est témoin, mais ça reste leur façon d'aimer.

Franck : C'est ça. La forme est insupportable, mais le fond reste de l'amour parental.

*En Bref,
je suis ce que
je vois de
mes parents.*

Chapitre 27

Soyons-nous

« La pire solitude est de ne pas être à l'aise avec toi-même. »
Mark Twain

Franck : Plus tôt, dans le livre, tu soulevais la question de l'intuition et de ce qui nous guide. Je vois que dans ta façon de faire ton métier, tu as une aisance naturelle pour savoir exactement ce qu'il faut dire ou faire pour que ça fonctionne avec ton public.

En me penchant un peu sur la question, je m'aperçois que le public, pour toi, n'est plus « des gens », mais « le public. » Il est devenu comme une entité, avec laquelle tu as établi un lien de connivence, fraternel, plein de franchise. À travers cette connivence, n'ayant pas peur de ton public que tu connais comme on connaît un ami cher, tu sais toujours instinctivement ce qui va le faire rire et ce qui va le toucher.

Jérémy : Oui, c'est comme si je savais quoi lui dire pour que ça lui fasse du bien. Je sais aussi ce que j'ai à faire pour rendre sa vie un peu plus légère.

Franck : C'est devenu tellement naturel que cette relation avec ton public est devenue instinctive, donc intuitive. Finalement, si on creuse encore et qu'on se demande comment tu as réussi à établir un lien d'une telle connivence et d'une telle proximité avec les gens, c'est tout simplement parce qu'à force de révéler ton humanité sur scène, tu tisses des liens avec chaque humain.

Et plus tu révèles ton humanité, plus tu leur permets de toucher la leur.

Jérémy : Je viens de découvrir, grâce à toi, que j'ai une relation privilégiée avec mon public parce que **je n'ai plus peur d'être ce que je suis sur scène.**

Je peux tout lui dire. Je peux lui parler de mes hontes, de mes peurs, de mes craintes. Je peux lui montrer ce qui est beau et ce qui ne l'est pas. J'ai juste à être moi et je sais qu'il va le prendre et qu'il va en rire parce que ce lien est créé.

Franck : Oui, tu as raison, le lien, ça crée. Tu as compris le jeu de mots ?

Jérémy : Ohhhh! « le lien sacré ». Bien joué!

La solitude de l'humain

Jérémy : On atténue ce qu'on est en tant qu'être humain. On se cache derrière un masque social. Tu me disais même qu'on met du parfum pour cacher nos phéromones ?

Franck : Oui, c'est ça. On disait un peu plus tôt que nous sommes un peu entre le monde animal et le monde de l'être humain. De ce fait, on a honte de notre animalité, de notre corps, de nos odeurs, de nos systèmes de croyances, de nos superstitions, ce qui fait qu'on a tendance à adoucir tout ce qui est humain chez nous.

Donc, le matin, on met notre déguisement et on se déguise en l'être humain que l'on croit être. On se cache dans une fausse communication qui est interposée par écrans.

Jérémy : On veut juste montrer le « beau » et pas l'ensemble de ce qu'on est.

Franck : C'est ça. Et, finalement, **dans ce déni d'humanité, de nos hauts comme de nos bas, on arrive dans un système où on est en train, tous autant qu'on est, de mourir de solitude.**

Il y a des gens qui, dans leur famille, ou dans un groupe se sentent seuls. Pourtant, l'humain, c'est le lien. L'humain, c'est l'autre. C'est l'un dans l'autre, c'est-à-dire moi dans toi. **Sans ce lien entre les humains, nous ne sommes plus rien.**

Jérémy : Tu as raison. Il y a même une étude qui a révélé que ce qui nous rend vraiment heureux, c'est les relations avec les autres.

Franck : C'est ça. Nous sommes des animaux sociaux. Et, en fait, plus on estompe notre être humain, plus on se rend seul.

Jérémy : Plus on cache l'ensemble de notre humanité, et moins on est humain.

Franck : C'est ça. **Plus on cache notre humanité, c'est-à-dire nos faiblesses, nos forces, notre grand et notre petit, plus on accentue notre propre solitude.**

Jérémy : Et plus on se montre, plus on est honnête avec nous et avec les autres…

Franck : Et plus on se permet de transgresser la peur de déplaire, et d'agir en fonction de nos propres paramètres, plus on reconnecte les humains entre eux.

Jérémy : Et surtout, on se reconnecte avec nous-même. **Finalement, on se réconcilie avec nous pour se réconcilier avec les autres.**

Franck : C'est ça. Cette reconnexion avec nous rend à l'autre la liberté de se reconnecter avec lui. On donne l'exemple et on permet à l'autre…

Jérémy : D'être ce qu'il est.

Franck : C'est ça. D'être ce qu'il est.

En bref, j'enlève mon masque pour montrer tout ce que je suis.

Chapitre 28

Leçon de ma grand-mère malgré elle

> *« La vie est ce qui vous arrive pendant que vous êtes occupé à faire d'autres projets. »*
> **John Lennon**

Jérémy : Franck, tu voulais me parler de ta grand-mère…

Franck : Oui, on est en 1945, elle a seize ans.

On vient de sortir de la guerre. Elle va participer à l'effort de reconstruction de la France. Dans cet effort-là, elle se met en couple avec celui qui est là, puisque l'homme bon, à l'époque, ce n'est pas celui qui est comme ceci ou comme cela, **c'est celui qui est vivant.**

Elle fait neuf enfants, sept survivent et elle s'en contente, elle ne s'occupe pas des deux qui sont morts, car au sortir de la guerre, la mort a été apprivoisée. Très vite, elle s'aperçoit que sa vie, c'est faire des lessives, le jardin, la cuisine. Le samedi, quand elle va faire des courses, elle passe à l'épicerie, puis elle passe chez le boucher et elle va au bureau de tabac. Au bureau de tabac, elle achète le tabac pour son mari et, en même temps, une fois par mois, elle achète le Harlequin, tu sais, ce petit roman à l'eau de rose où une femme se fait aimer par un homme musclé et bronzé sur une plage, à l'autre bout du monde…

Jérémy : Oui…

Franck : Elle ramène son Harlequin à la maison, où elle continue sa vie de lessives, de jardin, de nourriture, et puis le soir, quand elle a fini sa journée, elle se permet de temps en temps d'ouvrir quelques pages du Harlequin et de lire, en cachette, coupable comme si elle regardait de la porno. **Elle nourrit, ainsi, la part d'enfance qu'elle n'a pas eue,** car la guerre lui a volé son adolescence et elle se permet de rêver à la tendresse, à l'amour… Et elle se met à espérer secrètement que l'amour arrive dans sa direction.

Elle se met à rêver de recevoir des gestes de tendresse et d'attention, comme ceux décrits dans le livre, mais cette tendresse et cette attention n'arrivent jamais. Alors **elle a ce sentiment qu'elle n'a pas été vraiment aimée et qu'il n'y a pas eu d'amour dans sa vie.**

Pendant ce temps…

À sept heures du matin, mon grand-père est déjà dehors. Il a enfilé sa salopette de travail et il part s'occuper des bêtes et du bois.

Quand il fait son bois pour chauffer la maison, il coupe toujours ses bûches en pièces de cinquante centimètres, parce que c'est ce qui entre dans la chaudière. Mais il se permet aussi de couper deux stères de bois en pièces de trente-trois centimètres qu'il met au plus près de la porte de la cuisine parce qu'il sait que sa femme, plusieurs fois dans la journée, va devoir aller remettre du bois dans la gazinière à bois.

C'était, en fait, sa façon à lui de l'aimer.

Comme il a vécu la guerre, il ne peut pas exprimer l'amour parce que s'il exprime la tendresse ou la fragilité, il a l'impression que la première larme va amener une rivière de larmes et qu'il va s'asseoir là, par terre, et qu'il ne pourra plus jamais vivre, vu ce qu'il a traversé. Alors il serre les dents, il s'interdit la tendresse, il s'interdit la fragilité, mais pour aimer sa femme, il coupe les bûches en pièces de trente-trois centimètres afin qu'elles soient plus légères lorsqu'elle les portera.

Pendant que cette femme-là est en train de saturer l'énergie d'attentes de tendresse et d'attention comme celles présentes dans son livre, elle se coupe de la possibilité de se rendre compte que **l'amour attendu est déjà en train d'entrer dans sa vie.**

Quand on attend d'être aimé d'une façon, on interdit aux gens de nous aimer à leur façon. **En fait, quand on se met à désirer quelque chose, on est en train de saturer l'air autour de nous d'attentes.** Et quand l'air est saturé d'attentes, on ne peut plus rien y mettre. Il n'y a plus de place.

Désirer et relâcher

Jérémy : C'est finalement une histoire qui peut tous nous inspirer. **Quand on désire sans relâcher, on sature l'air autour de nous, et nos désirs n'ont pas de place pour se réaliser…**

Franck : Alors que quand on se permet de désirer quelque chose et d'oublier, on laisse de la liberté autour de nous, et les choses que l'on commande peuvent venir s'inscrire dans notre monde. Mais si on est constamment dans notre attente, à saturer l'air autour de nous, plus rien ne peut s'y produire parce que l'air est plein de « pourvu que », « j'espère que », « dès que ».

Ainsi, je désire puis je relâche, car je libère l'énergie et quelque chose peut se produire.

Dans notre vie à tous

Jérémy : Je désire puis je relâche, car je libère l'énergie et quelque chose peut se produire.

Franck : Exactement. J'ai vécu un moment où je l'ai vraiment perçu dans ma vie. J'étais en Suisse, en train de faire un stage et, entre midi et deux heures, on mangeait dans une grande salle. Au moment où j'arrive dans la salle, les personnes se tournent vers moi en espérant que je vienne m'asseoir avec eux. Je ressens donc que l'air est saturé d'attentes, de « pourvu qu'il s'assoie », « pourvu qu'il mange avec nous ». Il n'y avait pas la place pour que je m'assoie tellement l'air était déjà plein.

Puis, je m'approche d'une table où il y a quatre amis qui sont déjà ensemble, qui sont heureux d'être ensemble et qui, donc, n'attendent plus rien. Parce que ça y est, être ensemble, ça leur suffit. Et l'air autour d'eux est léger, libre. Je m'assois là et ils se retournent et disent : « Ah ! t'es là. C'est *cool* ! » **Quelque chose d'inattendu pouvait se produire parce qu'il n'y avait pas d'attentes.** Et tous ceux qui, auparavant, avaient dit : « J'aimerais… », « Pourvu que… », « J'espère que… » avaient bloqué la possibilité que les choses se produisent parce que l'énergie fonctionne comme ça.

Jérémy : Tout ça est bien entendu applicable à tous et en toutes circonstances. Désirer, puis relâcher, pour libérer l'espace afin que notre désir puisse entrer dans nos vies.

En bref, je désire puis je relâche pour libérer l'espace afin que mes désirs se réalisent.

CHAPITRE 29

Conclusion

« *Pour vivre pleinement sa vie, il n'est pas nécessaire d'agir. Pour vivre pleinement sa vie, il est indispensable d'être.* »

LAO TSEU

Jérémy : Franck, de tout cet échange qu'on vient d'avoir, je me rends compte que, finalement, l'essentiel qui en ressort est de se permettre d'être soi et de revenir à soi.

Franck : J'aime le double sens de revenir à soi parce qu'il y a le sens que tu décris, qui est de revenir à ses propres bases, à ses propres envies, à ce qui nous appartient réellement, et en même temps, il y a l'autre sens, qui est de sortir du coma : « Je reviens à moi. »

Jérémy : J'aimerais que tu le clarifies.

Franck : Est-ce que tu sais que lorsque quelqu'un sort d'un coma, on dit qu'il revient à lui ?

Jérémy : Oui je sais.

Franck : Et j'ai parfois le sentiment que nous sommes une humanité endormie.

Jérémy : Inconsciente.

Franck : Inconsciente et anesthésiée par des masses d'informations, des masses de distractions, anesthésiée par…

Jérémy : L'image parfaite.

Franck : Par toutes ces images qu'on ouvre et qu'on regarde et qui nous placent en état d'hypnose.

Jérémy : On s'est quitté.

Franck : Voilà. C'est ça. On s'est quitté.

Donc il serait bon qu'on retourne au foyer en renonçant à cette décision de s'être quitté. **Il serait bon qu'on sorte de notre coma et qu'on revienne à nous.** Il serait bon que nous nous occupions de nous en cessant de donner aux autres ce qu'on croit qu'ils attendent de nous, mais **en leur donnant plutôt ce qu'on a vraiment envie de leur donner.**

Jérémy : Finalement, il serait bon que nous nous permettions d'être la personne que nous avons réellement envie d'être, instant après instant.

Franck : C'est ça. Retourner à cette capacité de choisir la carte que nous voulons jouer instant après instant.

Jérémy : La beauté de tout ça, c'est qu'on peut se permettre d'être tout.

Est-ce que j'ai envie d'être fiable, doux, sérieux ? Est-ce que j'ai envie d'être sincère ou de mentir ? D'être vrai ou d'être faux ? C'est un choix de chaque instant, c'est un choix qui m'appartient.

Franck : L'idée globale, c'est de revenir à cette réalité-là qui est la plus profonde de l'humain : la loi, c'est soi. **Je suis ma propre loi dans la vie.**

Jérémy : Je trouve que ça résume bien la phrase que j'ai dite tout à l'heure et qui est : « Permettons-nous d'être nous. »

Franck : Oui. C'est très mal formulé, mais c'est ça. (Rires)

Jérémy : « Permettons-nous d'être nous », c'est aller vers ce que nous sommes, vers ce qui nous rend joyeux, c'est suivre cette intuition-là…

Franck : Oui.

Jérémy : C'est créer ce lien avec les autres avec la confiance qu'ils vont me prendre comme l'humain que je suis.

Franck : Oui.

Jérémy : C'est accepter toute mon humanité, dire toute ma vérité, ne plus me mentir, déclarer mes émotions, les exprimer aux autres, voir que, chez l'autre, il y a quelque chose qui est chez moi. Et tout ça résumé dans le fait de se permettre d'être soi. Soyons-nous.

Et puis la paix…

Franck : Tout ce qu'il nous reste à faire pour nous donner cette véritable permission, c'est accepter d'être totalement vulnérable. **Accepter d'être totalement vulnérable nous rend invulnérable. Et c'est ça, la paix. C'est là la véritable plénitude.**

Jérémy : La plénitude, c'est de vivre dans la tranquillité de pouvoir être soi, tranquillement soi, sans vivre dans la peur d'être démasqué. Parce que si nous osons nous regarder et déposer nos masques…

Franck : On ne peut plus nous les enlever.

Jérémy : Hey Franck ?

Franck : Oui ?

CONCLUSION

Jérémy : Je t'aime.

Franck : Je te comprends, moi aussi je m'aime.

FIN

P. S. : Si vous pensez que ce livre pourrait aider quelqu'un, s'il vous plaît, prêtez-le-lui. Si vous pensez que vous ne le relirez plus jamais, je vous suggère de le donner ou de le déposer quelque part où le cœur vous conduira. La vie fera le reste...

Pour me rejoindre :

www.facebook.com/jeremyDemayOfficiel

Instagram : @Jeremydemay2

Twitter : @JeremyDemay

Du même auteur
LA LISTE
ISBN 978-2-9817756-2-7

LA SUITE
ISBN: 978-2-9817756-0-3

Née en 2018, Frères & Cie est une jeune maison d'édition. Ses fondateurs n'avaient jamais imaginé investir le monde des livres. Et pourtant, l'acte d'éditer s'est révélé à eux comme l'action fondatrice à poser pour donner vie à leur désir d'aller à la rencontre de gens d'idées et de talent.

Représenter la création d'aujourd'hui, favoriser la collaboration entre auteur et designer, expérimenter avec l'édition collaborative et penser en mode transmédia à partir de l'acte d'édition, voilà ce qui nous transporte et nous passionne.

Parce qu'un livre peut changer une vie.

Pour nous joindre
www.freresetcie.com

Notes

Notes

Notes

Notes

MARQUIS

Québec, Canada

Ce livre est imprimé sur des matériaux issus de forêts bien gérées certifiées FSC® et de matériaux recyclés.